말이 잘 통하는 나 만들기 프로젝트

# 동굴에서 광장으로

이의용 저

학지사

# '말이 잘 통하는 나 만들기' 프로젝트를 제안합니다!

인류 역사상 가장 오래된 소통 수단은 '말'이다.
그런 말이 시작되는 입을 마스크가 막고 있다.
인류 역사상 처음 경험하는 일이다.
마스크 커뮤니케이션 시대!

게다가 사람과 사람도 거리를 둬야 한다.
사람이 사람을 의심해야 하는 시대!
그렇잖아도 갈등이 가장 심한 사회, 갈등을 가장 해결하지 못하는 사회이고
사회 갈등 비용이 연간 300조 원이나 된다는데….

부부간, 선생과 학생 간, 노사 간, 세대 간, 이념 간의 갈등이 그치지 않는 나라.
'通卽不痛, 不通卽痛' (동의보감).
소통이 안 되니 아픔이 그치질 않는다.
소통은 잘 안 되더라도, 그로 인한 갈등은 풀 수 있어야 하는데….

소통을 못하는 사람이 할 수 있는 일은 그리 많지 않다.
사람은 소통하지 않고는 살아갈 수가 없는 존재다.
그럼에도 소통의 연습장인 가정과 학교에서 아이들에게 소통을 제대로 가르쳐 주지 못하고 있다.
그 대신 모든 아이를 입시 준비라는 '동굴'에 가둬서 키운다.
공부라는 것은 동굴에서 광장으로 나오게 하는 것일진대….

그 후유증이 대학 교실로, 직장 업무 현장으로, 새로 이루는 가정으로, 크고 작은 공동체 생활 현장으로 이어지고 있다.

저자가 평생 가장 많이 해 온 일은 소통에 대해 글을 쓰고 강의하고 방송하는 일이었다.
소통을 가르치는 책은 많지만, 스스로 해법을 찾아보게 하는 워크북은 별로 없는 것 같다.
그래서 이 책을 펴낸다.

다른 건 몰라도 소통은 혼자 공부해 봐야 별 도움이 안 된다.
평소 소통을 가장 많이 하는 파트너와 함께, 여기에 담긴 문제와 해설을 풀어 보면서 소통을 연습하면 좋겠다.
특히 사회 진출을 앞둔 청년, 직장인, 부부, 공동체 구성원들에게 이 워크북을 권하고 싶다.

'말이 잘 통하는 나 만들기' 프로젝트를 통해, '누구와도 말이 잘 통하는 사람'으로 발전하시길, 그리고 동굴에서 광장으로 나와 지금까지 누리지 못했던 새로운 세상을 만나시길 바란다.
광장에서 만납시다!

2021년 2월
저자

유튜브 '이의용TV'

이 책으로 공부하는 분들에게

1. 이 책은 혼자 공부하지 마시고, 소통 파트너와 함께 공부하셔야 효과가 있습니다.
2. 이 책의 내용을 중심으로 동영상 강의를 제작해 유튜브 '이의용TV'에서 방송 중입니다. 활용하십시오.
3. 본문을 공부하다 막힐 때에는 책 뒤에 있는 '참고 자료'를 활용하십시오.
4. 이 책으로 수업을 하시는 분은 저자에게 따로 요청하시면 유용한 자료를 더 제공해 드리겠습니다.
5. 독자와 저자 사이에도 소통이 필요합니다. 도움이 필요하면 연락 주십시오.

# 차례

## 제 1 부

# 痛할래, 通할래?

# Let's 通!

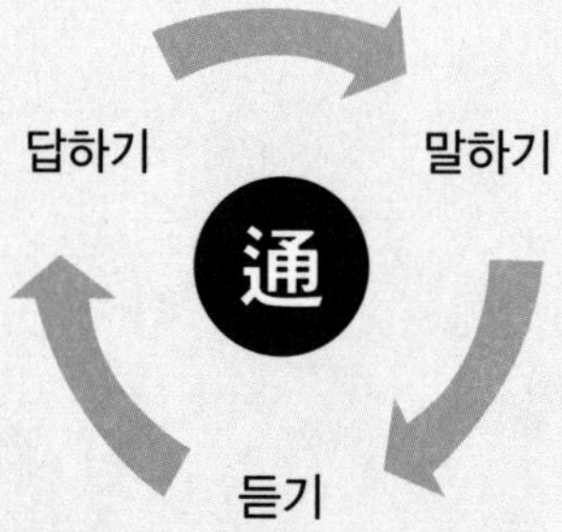
답하기
말하기
通
듣기

# 수업 안내와 동기부여 01

## 1 인사

## 2 통통 인터뷰

다음 특징에 어울린다고 생각하는 친구를 만나 반갑게 인사를 나누고 사인(이름)을 받는다.

| 다음 특징에 어울리는 사람을 만나 인사를 나누고 서명을 받으세요. | |
|---|---|
| 특징 | 소속학과, 학년, 이름 |
| 오늘 패션 센스가 가장 돋보이네요. | |
| 게임 캐릭터로 가장 어울릴 것 같아요. | |
| 앗! 손담비의 느낌이? | |
| 팀플 하면 모든 과제 혼자 해 줄 것 같은 사람 | |
| 남자친구 박보검과 어울릴 것 같은 여성? | |
| 나래바처럼 집에 친구들을 불러 즐겁게 해 줄 것 같아요 | |
| 동물 기르는 것을 좋아할 것 같아요. | |
| 오늘 만난 사람 중 가장 친절한 분이십니다. | |
| 5만원 빌려 달라 하면 절대 거절 안 할 것 같아요. | |
| 언제 커피 한 잔 해요. | |
| 혹시 모델 활동 하세요? | |
| 아는 형님에 전학 가서 기죽지 않고 끼를 발휘해 입학할 것 같아요 | |
| 방탄 아미 활동을 할 것 같아요. | |
| 차은우 같은 얼굴 천재! | |
| 혹시 배우 손예진 씨 동생? | |
| 1인 방송을 하면 인기가 좋을 것 같아요 | |
| 드라마 〈스카이 캐슬〉의 '우주'처럼 사교육 안 하고도, 공부도 잘 하고, 인성도 좋을 것 같은 사람 | |
| 드라마 〈스카이 캐슬〉의 '예서'처럼 멘탈이 강할 것 같은 사람 | |
| 책을 많이 볼 것 같은 사람 | |
| 친구가 많을 것 같은 사람 | |
| 수업에 절대 지각하지 않을 것 같은 사람 | |
| 연애를 잘 할 것 같은 사람 | |
| 힙합 복장이 어울릴 것 같은 사람 | |
| 나플라(〈쇼미더머니〉 우승자 래퍼)처럼 랩을 잘 할 것 같은 사람 | |
| 지코와 듀엣을 하면 어울릴 것 같은 사람 | |
| 우리 전에 한번 만난 적 있나요? 인상이 좋아서…. | |

## 3 수업 안내

### 1) 수업 목적

(1) 말이 잘 통하는 인재를 육성한다.

(2) 다른 사람과 더불어 사는 인재로 육성한다.

(3) 다른 사람과 협력할 줄 아는 인재로 육성한다.

### 2) 학습 목표

(1) 누구에게라도 말을 걸 수 있다.

(2) 누구라도 말을 걸어오게 할 수 있다.

(3) 누구와도 협력할 수 있다.

### 3) 수업 내용

목차, 수업 계획서 참조

### 4) 학습 방법

(1) 말을 많이 해 본다.

(2) 말을 많이 걸어 본다.

(3) 여러 사람 앞에서 말을 많이 해 본다.

(4) 다른 사람과 협력해서 공부한다.

(5) 각 장 끝부분에 있는 '나의 소통 One Change'에 바꿔야 할 나의 소통 방식을 정리해서 실천한다.

(6) 매주 수업을 다음과 같은 방식으로 시작한다.

## ●수업 열기●
## "동굴에서 광장으로!"

| | |
|---|---|
| ●입장 | 큰 소리로 인사하며 |
| ●짝꿍 옆에 앉는다. | 잘 알지 못하는 동료가 좋은 짝꿍이다. |
| ●구호 | "Let's 통!" "반미고잘!" |
| ●존재 확인(출석 체크) | 교수님의 호명에 아무 말이나 한마디로 대답한다.<br>(소통과 관련한 명언 등) |
| ●짝꿍 소통 | 짝꿍과 소통을 연습한다. 마주 보며, 명확하게!<br>① 먼저 웃으면 진다[1)]<br>② 지는 가위바위보[2)]<br>③ 폰 스토리텔링[3)]<br>④ 끝말잇기[4)]<br>⑤ 단어 스토리텔링[5)]<br>⑥ 동작 스피치[6)] |
| ●통통 인터뷰 | 매주 동료 2명 이상과 3분씩 인터뷰를 해서 내용을 기록한다.<br>이번 학기 목표 30명–수업 동료 25명, 교수와 직원 5명. |
| ●침묵 스피치 | 교실 탁자 앞에 나가 30초간 청중을 바라보고 들어간다. 익숙해진 후에는 인사나 인사말도 해 본다. 자원해서 나오도록 한다. |

1) 얼굴을 마주 서로 바라본다. 먼저 웃으면 진다. 3판.
2) 가위바위보 3판. 지는 사람이 이긴다. 진 사람은 "만세!", 이긴 사람은 박수!
3) 스마트폰의 사진 한 장을 골라 1분간 설명해 주고 궁금한 점을 묻는 질문에 답해 준다. 교대로.
4) "학교" "교실" "실내화"…처럼 끝말잇기
5) A가 단어를 말하고 그 단어를 이용해 한 문장으로 이야기를 한다. B가 단어를 말하고 그 단어를 이용해 한 문장으로 이야기를 한다. 단, 앞뒤 이야기가 동화처럼 맥을 이뤄야 한다. 다음 단계에서는 A가 먼저 이야기를 한 다음에 단어를 말해 준다. B는 그 단어를 이용해 이야기를 잇고, 다음 단어를 말해 준다.
6) 바디 랭기지로 어떤 이야기를 나눈다. 나중에 표현 내용을 서로 확인해 본다. 3회 이상 메시지가 오가야 한다.

# 통통 백일장

02

## ●수업 열기●
## "동굴에서 광장으로!"

| | |
|---|---|
| ●입장 | 큰 소리로 인사하며 |
| ●짝꿍 옆에 앉는다. | 잘 알지 못하는 동료가 좋은 짝꿍이다. |
| ●구호 | "Let's 통!" "반미고잘!" |
| ●존재 확인(출석 체크) | 교수님의 호명에 아무 말이나 한마디로 대답한다.<br>(소통과 관련한 명언 등) |
| ●짝꿍 소통 | 짝꿍과 소통을 연습한다. 마주 보며, 명확하게!<br>① 먼저 웃으면 진다[1)]<br>② 지는 가위바위보[2)]<br>③ 폰 스토리텔링[3)]<br>④ 끝말잇기[4)]<br>⑤ 단어 스토리텔링[5)]<br>⑥ 동작 스피치[6)] |
| ●통통 인터뷰 | 매주 동료 2명 이상과 3분씩 인터뷰를 해서 내용을 기록한다.<br>이번 학기 목표 30명–수업 동료 25명, 교수와 직원 5명. |
| ●침묵 스피치 | 교실 탁자 앞에 나가 30초간 청중을 바라보고 들어간다. 익숙해진 후에는 인사나 인사말도 해 본다. 자원해서 나오도록 한다. |

1) 얼굴을 마주 서로 바라본다. 먼저 웃으면 진다. 3판.
2) 가위바위보 3판. 지는 사람이 이긴다. 진 사람은 "만세!", 이긴 사람은 박수!
3) 스마트폰의 사진 한 장을 골라 1분간 설명해 주고 궁금한 점을 묻는 질문에 답해 준다. 교대로.
4) "학교" "교실" "실내화"…처럼 끝말잇기
5) A가 단어를 말하고 그 단어를 이용해 한 문장으로 이야기를 한다. B가 단어를 말하고 그 단어를 이용해 한 문장으로 이야기를 한다. 단, 앞 뒤 이야기가 동화처럼 맥을 이뤄야 한다. 다음 단계에서는 A가 먼저 이야기를 한 다음에 단어를 말해 준다. B는 그 단어를 이용해 이야기를 잇고, 다음 단어를 말해 준다.
6) 바디 랭기지로 어떤 이야기를 나눈다. 나중에 표현 내용을 서로 확인해 본다. 3회 이상 메시지가 오가야 한다.

## 1. 진단지 만들기

짝꿍과 소통을 잘하는 사람의 특징 진단지를 만들어 자가 진단을 해 보자. (10점 척도)

| 진단 항목 | 10 | 9 | 8 | 7 | 6 | 5 | 4 | 3 | 2 | 1 |
|---|---|---|---|---|---|---|---|---|---|---|
| | | | | | | | | | | |
| | | | | | | | | | | |
| | | | | | | | | | | |
| | | | | | | | | | | |
| | | | | | | | | | | |
| | | | | | | | | | | |
| | | | | | | | | | | |
| | | | | | | | | | | |
| | | | | | | | | | | |
| | | | | | | | | | | |
| 점수 합계 | 점 | | | | | | | | | |

## 2. 소통을 못할 경우 생길 수 있는 일상의 어려움들

| | | | |
|---|---|---|---|
| | | | |
| | | | |
| | | | |

## 3. 소통을 못할 경우 불가능한 일(직업)들

| | | | |
|---|---|---|---|
| | | | |
| | | | |
| | | | |

## 4. 신체적으로 약한 인간이 지구의 모든 생물체를 지배하는 힘은 어디에서 나오는가?

(1) ______________________________

(2) ______________________________

(3) ______________________________

(4) ______________________________

(5) ______________________________

## 5. 단어 스토리텔링

(1) 생각나는 단어(명사, 동사, 형용사, 부사 등)를 한 칸에 1개씩 적어 보자.

| | | |
|---|---|---|
| | | |
| | | |

(2) 이 단어를 순서대로 1개씩 이용하여 맥이 이어지게 이야기를 지어 보자. (6개의 문장으로)

| |
|---|
| |
| |
| |
| |
| |
| |

## 6. 동굴[7)]에서 광장으로 나와 살면서 생기는 불편함과 편리함을 찾아보자.

| 불편한 점 | | 편리한 점 | |
|---|---|---|---|
| 1 | | 1 | |
| 2 | | 2 | |
| 3 | | 3 | |
| 4 | | 4 | |
| 5 | | 5 | |
| 6 | | 6 | |
| 7 | | 7 | |
| 8 | | 8 | |
| 9 | | 9 | |
| 10 | | 10 | |
| 11 | | 11 | |
| 12 | | 12 | |

(1) 다른 동료들과 내용을 공유해 보면서 내용을 보완해 보자.

(2) 이 조사를 통해 알게 된 점은 무엇인가?

7) 동굴: 혼자 사는 세상

7. 개는 왜 사람을 물까?

8. 다음 감각기관 중 소통에 가장 중요한 것은 어느 것이라고 생각하는가? 그렇게 생각하는 이유는?

(1) 예: 입, 눈, 귀, 표정, 코, 피부, 손, (                    )

(2) 이유: ____________________

9. 사람과 사람 사이의 소통을 열어 주는 개념, 사물은?

| | | | |
|---|---|---|---|
| | | | |
| | | | |

10. 사람과 사람 사이의 소통을 막는 개념, 사물은?

| | | | |
|---|---|---|---|
| | | | |
| | | | |

11. 사람과 사람 사이의 소통을 열어 주기도 하고 막기도 하는 개념, 사물은?

| | | | |
|---|---|---|---|
| | | | |
| | | | |

## 12. 사람은 3間 사이에서 산다.

(1) 여기와 저기:

(2) 과거와 지금과 미래:

(3) 사람과 사람:

## 13. '通'자가 들어 있는 단어는?

| | | | |
|---|---|---|---|
| | | | |
| | | | |
| | | | |

## 14. 사람들은 왜 소통을 두려워하거나 어려워할까?

(1) ______________________________

(2) ______________________________

(3) ______________________________

(4) ______________________________

15. '카페인' '카페트'[8] 등 소통 도구들이 넘쳐 나는데도 소통이 잘 안 되는 이유는 무엇일까?

(1) ______________________________

(2) ______________________________

(3) ______________________________

(4) ______________________________

16. 소통이 주는 유익에는 어떤 것들이 있을까?

(1) ______________________________

(2) ______________________________

(3) ______________________________

(4) ______________________________

(5) ______________________________

17. 나는…

(1) 다른 사람에게 필요한 표현을 주저하지 않고 하는가?

(2) 다른 사람이 편하게 말을 걸어 올 수 있는 사람인가?

18. 앞으로 이 수업을 통해 무엇을 더 강화하고 보완하고 싶은가?

나의 소통 One Change!

8) 카카오톡, 페이스북, 인스타그램, 트윗

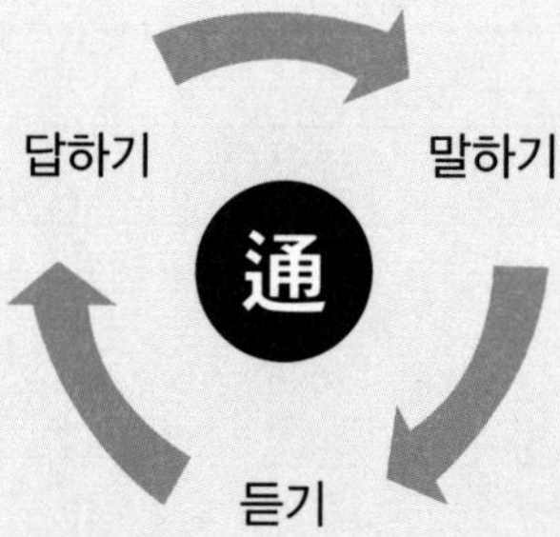
답하기
말하기
通
듣기

03

# 소통학 개론

## •수업 열기•
## "동굴에서 광장으로!"

| | |
|---|---|
| •입장 | 큰 소리로 인사하며 |
| •짝꿍 옆에 앉는다. | 잘 알지 못하는 동료가 좋은 짝꿍이다. |
| •구호 | "Let's 통!" "반미고잘!" |
| •존재 확인(출석 체크) | 교수님의 호명에 아무 말이나 한마디로 대답한다.<br>(소통과 관련한 명언 등) |
| •짝꿍 소통 | 짝꿍과 소통을 연습한다. 마주 보며, 명확하게!<br>① 먼저 웃으면 진다[1]<br>② 지는 가위바위보[2]<br>③ 폰 스토리텔링[3]<br>④ 끝말잇기[4]<br>⑤ 단어 스토리텔링[5]<br>⑥ 동작 스피치[6] |
| •통통 인터뷰 | 매주 동료 2명 이상과 3분씩 인터뷰를 해서 내용을 기록한다.<br>이번 학기 목표 30명–수업 동료 25명, 교수와 직원 5명. |
| •침묵 스피치 | 교실 탁자 앞에 나가 30초간 청중을 바라보고 들어간다. 익숙해진 후에는 인사나 인사말도 해 본다. 자원해서 나오도록 한다. |

1) 얼굴을 마주 서로 바라본다. 먼저 웃으면 진다. 3판.
2) 가위바위보 3판. 지는 사람이 이긴다. 진 사람은 "만세!", 이긴 사람은 박수!
3) 스마트폰의 사진 한 장을 골라 1분간 설명해 주고 궁금한 점을 묻는 질문에 답해 준다. 교대로.
4) "학교" "교실" "실내화"…처럼 끝말잇기
5) A가 단어를 말하고 그 단어를 이용해 한 문장으로 이야기를 한다. B가 단어를 말하고 그 단어를 이용해 한 문장으로 이야기를 한다. 단, 앞 뒤 이야기가 동화처럼 맥을 이뤄야 한다. 다음 단계에서는 A가 먼저 이야기를 한 다음에 단어를 말해 준다. B는 그 단어를 이용해 이야기를 잇고, 다음 단어를 말해 준다.
6) 바디 랭기지로 어떤 이야기를 나눈다. 나중에 표현 내용을 서로 확인해 본다. 3회 이상 메시지가 오가야 한다.

## 1. 의사소통의 원리

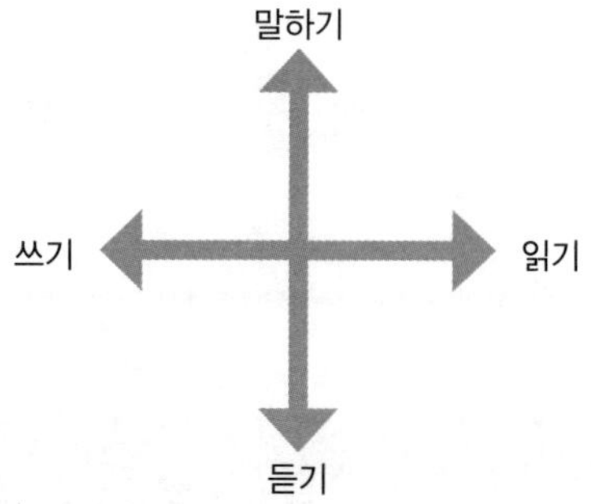


### 1) 말하기와 듣기

(1) 가장 기본적인 의사소통 행위

(2) 언어적 표현과 비언어적 표현을 통한 소통 행위

(3) 입과 귀를 통해 소통

(4) 음성 언어를 통해 소통, 문자를 몰라도 소통 가능

(5) 가장 정확하고 상세한 전달 수단

### 2) 쓰기와 읽기

(1) 문자를 통해 소통 가능

(2) 문자를 알아야 소통 가능

(3) 보관, 전달 가능

## 2. 소통

### 1) 소통이란

소통 = ( ______________________________ )

왜냐하면 ( ______________________________ ).

### 2) '소통' 15자 글짓기[7]

| | | | | |
|---|---|---|---|---|
| | | | | |
| | | | | |
| | | | | |

7) 띄어쓰기, 구두점 빼고

### 3) 소통의 다른 말

| | | | |
|---|---|---|---|
| 전달 | 표현 | 공유 | 생각과 감정의 나눔 |
| 설득 | 협력 | 설명 | 공감 |
| 관계 | 소통 | 동굴에서 나오기 | |

### 4) 소통의 개념

소통(커뮤니케이션)이란 주어진 상황에서, 커뮤니케이터가, 메시지를 고안하여, 매체를 통하여, 수용자를 자극해서, 커뮤니케이터가 의도한 (반응)을 얻는 과정이다.

※ 소통(communication)

① 어원: 라틴어 꼬뮤니까레(communicare)–'공유한다'
② 명사형은 꼬뮤니스(communis)–'함께 나눔' 혹은 '함께 나누는 사람들'
③ 커뮤니티(community)는 경험을 함께 나누는 사람들의 공동체
④ '상식(common sense)'–여러 사람이 공유하는 생각
⑤ '성찬식(communion)'–예수님께서 제자들과 함께 떡과 포도주를 나눔.
⑥ 메시지를 상대방에게 전달하기 보다는 어떠한 경험을 함께 한다는 뜻.
⑦ 라틴어 'Cummunis'(코뮤니스), 라틴어 'Communicate'(코뮤니케이트)
⑧커뮤니케이션은 정보, 의견, 감정을 주고 받는 것. 외국어 때문에 소통에 어려움을 겪을 때 커뮤니케이션이 무엇인지, 커뮤니케이션이 왜 중요한지 실감하게 된다.

## 3. 소통의 용어들

(1) Communicator

(2) Message

(3) Encoding

(4) Media, Channel

(5) Decoding

(6) Receiver & Organization

(7) Feed back & Feed forward

(8) Context

(9) Noise

(10) Effect

## 4. 소통의 영역

(1) Self Communication

(2) Inter-personal Communication

(3) Group Communication

(4) Public Communication

(5) Mass Communication

(6) Organizational Communication

(7) Cyber Communication

(8) 그밖에

## 5. 소통의 과정

소통은 진공상태에서 이뤄지지 않는다.

(1) 발신자
(2) 상황
(3) 수신자

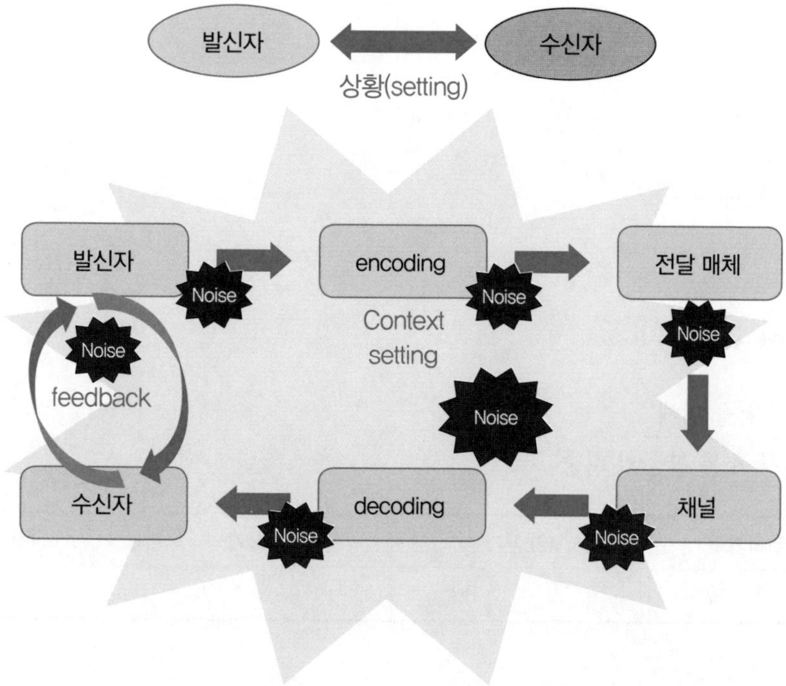

## 6. 소통의 종류

### 1) 수단, 방법

(1) 언어(Verbal)

(2) 비언어(Non-verbal)

### 2) 방향

(1) 말하기-듣기-답하기

(2) 볼링형-탁구형

(3) 하향식-상향식-수평적

(4) 논리적-감정적-위협적-보상적

(5) 공식적-비공식적

### 3) 목적 1

(1) 정보 전달

(2) 설득

(3) 관계 증진

### 4) 목적 2

(1) 설명

(2) 주장

(3) 설득

## 7. 사람은 왜 소통을 하나?

(1) 생존과 생활을 위해

내 일과 중 소통 활동의 비중

| (1) 말하기 | (2) 듣기 | (3) 쓰기 | (4) 읽기 |
|---|---|---|---|
| (　　　)% | (　　　)% | (　　　)% | (　　　)% |

(2) 외로워서

① 타고르, "사람에게는 (                    )이 필요하다."

② 소통은 인간의 기본 욕구(식욕, 성욕, 물욕, 명예욕, 권력욕, 소통욕)

(3) 상생(Win-Win)하기 위해서

① 접속, 연대, 공유, 협력의 힘

② 말하기는 (                    ) 기술, 듣기는 (                    ) 기술

(4) 다름을 극복하기 위해서

"다른 사람에게는 나도 (                    ) 사람이다."

(5) 문제(갈등)를 예방하고 해결하기 위해서

① 소통에 실패하면 많은 문제가 생긴다.

② 패스가 득점을 만든다.

(6) 개인적인 성과를 내기 위해서

(7) 조직의 성과를 내기 위해서

조직 구성원의 소통 능력이 조직의 경쟁력

## 8. 소통의 유익

(1) 상대방을 알게 된다.

(2) (                    )를 알게 된다.

(3) 서로 친밀해진다.

(4) 서로 신뢰하게 된다.

(5) 감정, 생각, 정보, 욕구를 교류하고 공유함으로써 즐거운 소통을 계속할 수 있게 된다.

## 9. 빈칸 채우기

(1) 사랑하는 사람에 대한 최초의 충동은 (                    ).

(2) 미워하는 사람에 대한 최대의 복수는 (                    ).

(3) "잘 뛰면 뭐합니까? (                    )를 잘해야지."

(4) 대륙은 떨어져 보이지만 바다 속에서는 (                    )이 되어 있다.

## 10. 소통의 효과

(1) 메시지를 받고 수신자가 보이는 반응 중 발신자가 의도한 반응
- 거절, 무관심은 효과인가, 아닌가?

(2) 수신자는 발신자가 의도한 대로 반응하지 않는다.

(3) 효과적인 소통을 하려면 발신자와 수신자 사이의 다양한 벽(Noise)을 제거해야 한다.

## 11. 빈칸 채우기

(1) 소통의 (                    )이 길수록 효과가 떨어진다.

(2) 대화의 (                    )가 많을수록 효과가 반감한다.

(3) 보울링형 소통보다 (                    )형 소통이 효과적이다.

(4) 쌍방적인 소통의 (                    ) 횟수가 많을수록 효과가 높아진다.

(5) 어떤 (                    )를 이용하느냐에 따라 소통의 효과가 달라진다.

(6) 메시지보다 (                    )가 효과에 절대적인 영향을 미친다.

## 12. 토의: 동영상 "LG 불났어요?"

| | |
|---|---|
| (1) 상황의 벽은? | |
| (2) 수신자의 벽은? | |
| (3) 발신자의 벽은? | |
| (4) 해결 방법은? | |

## 13. 매체의 효과 비교

| 구분 | 대면 소통 | 목소리 전화 | 문자 메시지 |
|---|---|---|---|
| 장점 | | | |
| 단점 | | | |

## 14. Call Phobia란?

## 15. 스마트폰의 유익함과 해로움 찾아 보기

| 유익함 | 해로움 |
|---|---|
| | |

## 16. 빈칸 채우기

(                    )는 일방적이지만, (                    )는 쌍방적이다.

나의 소통 One Change!

# '소통'을 말한다

04

## ●수업 열기●
## "동굴에서 광장으로!"

| | |
|---|---|
| ●입장 | 큰 소리로 인사하며 |
| ●짝꿍 옆에 앉는다. | 잘 알지 못하는 동료가 좋은 짝꿍이다. |
| ●구호 | "Let's 통!" "반미고잘!" |
| ●존재 확인(출석 체크) | 교수님의 호명에 아무 말이나 한마디로 대답한다.<br>(소통과 관련한 명언 등) |
| ●짝꿍 소통 | 짝꿍과 소통을 연습한다. 마주 보며, 명확하게!<br>① 먼저 웃으면 진다[1)]<br>② 지는 가위바위보[2)]<br>③ 폰 스토리텔링[3)]<br>④ 끝말잇기[4)]<br>⑤ 단어 스토리텔링[5)]<br>⑥ 동작 스피치[6)] |
| ●통통 인터뷰 | 매주 동료 2명 이상과 3분씩 인터뷰를 해서 내용을 기록한다.<br>이번 학기 목표 30명–수업 동료 25명, 교수와 직원 5명. |
| ●침묵 스피치 | 교실 탁자 앞에 나가 30초간 청중을 바라보고 들어간다. 익숙해진 후에는 인사나 인사말도 해 본다. 자원해서 나오도록 한다. |

1) 얼굴을 마주 서로 바라본다. 먼저 웃으면 진다. 3판.
2) 가위바위보 3판. 지는 사람이 이긴다. 진 사람은 "만세!", 이긴 사람은 박수!
3) 스마트폰의 사진 한 장을 골라 1분간 설명해 주고 궁금한 점을 묻는 질문에 답해 준다. 교대로.
4) "학교" "교실" "실내화"…처럼 끝말잇기
5) A가 단어를 말하고 그 단어를 이용해 한 문장으로 이야기를 한다. B가 단어를 말하고 그 단어를 이용해 한 문장으로 이야기를 한다. 단, 앞 뒤 이야기가 동화처럼 맥을 이뤄야 한다. 다음 단계에서는 A가 먼저 이야기를 한 다음에 단어를 말해 준다. B는 그 단어를 이용해 이야기를 잇고, 다음 단어를 말해 준다.
6) 바디 랭기지로 어떤 이야기를 나눈다. 나중에 표현 내용을 서로 확인해 본다. 3회 이상 메시지가 오가야 한다.

## 1. 소통 명언

소통을 가르쳐 주는 명언이나 속담 중 공감이 많이 가는 것 10가지를 찾아보자.

| | |
|---|---|
| 예 | 인간은 입이 하나, 귀가 둘이 있다. 이는 말하기보다 듣기를 두 배 더하라는 뜻이다. -탈무드 |
| 1 | |
| 2 | |
| 3 | |
| 4 | |
| 5 | |
| 6 | |
| 7 | |
| 8 | |
| 9 | |
| 10 | |

## 2. 소통 역량 진단

### 1) 나의 소통 역량 진단

| 구분 | 문항 | 0~5점 |
|---|---|---|
| (1) 자신과 소통하기 | • 내가 나를 얼마나 아는가? | |
| | • 내가 나를 얼마나 존중하는가? | |
| | • 내가 나를 얼마나 믿는가? | |
| | • 내가 나를 얼마나 통제할 수 있는가? | |
| (2) 다른 사람과 소통하기 | • 얼마나 합리적으로 사고하는가? | |
| | • 상대방과 얼마나 감성적, 공감적으로 소통할 수 있는가? | |
| | • 주위 사람들과 소통할 수 있는 관계를 맺고 있는가? | |
| | • 상황과 맥락을 파악하며 소통할 수 있는가? | |
| (3) 자기 생각과 감정을 언어로 표현하기 | • 어휘 구사 능력은 어느 정도인가? | |
| | • 논리적 구성 능력은 어느 정도인가? | |
| | • 의미 전달 능력은 어느 정도인가? | |
| (4) 자기 생각과 감정을 비언어로 표현하기 | • 음성 표현 능력은 어느 정도인가? | |
| | • 시각적 표현 능력은 어느 정도인가? | |
| | • 행동적 표현 능력은 어느 정도인가? | |
| (5) 상대방의 표현(언어, 비언어)을 경청하기 | • 상대방에게 경청하려는 태도는 어느 정도인가? | |
| | • 상대방의 메시지를 파악하는 능력은 어느 정도인가? | |
| | • 상대방의 마음을 파악하는 능력은 어느 정도인가? | |
| (6) 상대방의 표현에 반응하기 | • 상대방의 표현에 반응하려는 태도는 어느 정도인가? | |
| | • 상대방의 표현에 반응하고 확인하는 능력은 어느 정도인가? | |
| | • 상대방의 표현 중 궁금한 점에 대해 물어보는 능력은 어느 정도인가? | |
| 합계 | | 점 |

### 2) 앞으로 내가 강화해야 할 역량 3가지

(1) ______________________________

(2) ______________________________

(3) ______________________________

## 3. 소통의 법칙

(1) '앞'에서 할 수 없는 말은 '뒤'에서도 하지 마라. 뒷말은 가장 나쁘다. 궁시렁거리지 마라.
(2) '말'을 독점하면 '적'이 많아진다. 적게 말하고 많이 들어라. 들을수록 내편이 많아진다.
(3) 목소리의 '톤'이 높아질수록 '뜻'은 왜곡된다. 흥분하지 마라. 낮은 목소리가 힘이 있다.
(4) '귀'를 훔치지 말고 '가슴'을 흔드는 말을 하라. 듣기 좋은 소리보다 마음에 남는 말을 하라.
(5) 내가 '하고' 싶은 말보다 상대방이 '듣고' 싶은 말을 해라. 하기 쉬운 말보다 알아듣기 쉽게 이야기해라.
(6) 칭찬에 '발'이 달려 있다면 험담에는 '날개'가 달려 있다. 나의 말은 반드시 전달된다. 허물은 덮고 칭찬은 자주 해라.
(7) '뻔'한 이야기보다 '펀(fun)'한 이야기를 해라. 디즈니만큼 재미있게 해라.
(8) '혀'로만 말하지 말고 '눈'과 '표정'으로 해라. 비언어적 요소가 언어적 요소보다 힘이 있다.
(9) 입술의 '30'초가 가슴의 '30'년 된다. 나의 말 한마디가 누군가의 인생을 바꿀 수 있다.
(10) '혀'를 다스리는 것은 나지만, 내뱉어진 '말'이 나를 다스린다. 함부로 말하지 말고 한번 말한 것은 책임을 져라.[7)]

나의 소통 One Change!

7) 송길원

# 나의 소통 파트너들

05

## ●수업 열기●
## "동굴에서 광장으로!"

| | |
|---|---|
| ●입장 | 큰 소리로 인사하며 |
| ●짝꿍 옆에 앉는다. | 잘 알지 못하는 동료가 좋은 짝꿍이다. |
| ●구호 | "Let's 통!" "반미고잘!" |
| ●존재 확인(출석 체크) | 교수님의 호명에 아무 말이나 한마디로 대답한다.<br>(소통과 관련한 명언 등) |
| ●짝꿍 소통 | 짝꿍과 소통을 연습한다. 마주 보며, 명확하게!<br>① 먼저 웃으면 진다[1)]<br>② 지는 가위바위보[2)]<br>③ 폰 스토리텔링[3)]<br>④ 끝말잇기[4)]<br>⑤ 단어 스토리텔링[5)]<br>⑥ 동작 스피치[6)] |
| ●통통 인터뷰 | 매주 동료 2명 이상과 3분씩 인터뷰를 해서 내용을 기록한다.<br>이번 학기 목표 30명–수업 동료 25명, 교수와 직원 5명. |
| ●침묵 스피치 | 교실 탁자 앞에 나가 30초간 청중을 바라보고 들어간다. 익숙해진 후에는 인사나 인사말도 해 본다. 자원해서 나오도록 한다. |

1) 얼굴을 마주 서로 바라본다. 먼저 웃으면 진다. 3판.
2) 가위바위보 3판. 지는 사람이 이긴다. 진 사람은 "만세!", 이긴 사람은 박수!
3) 스마트폰의 사진 한 장을 골라 1분간 설명해 주고 궁금한 점을 묻는 질문에 답해 준다. 교대로.
4) "학교" "교실" "실내화"…처럼 끝말잇기
5) A가 단어를 말하고 그 단어를 이용해 한 문장으로 이야기를 한다. B가 단어를 말하고 그 단어를 이용해 한 문장으로 이야기를 한다. 단, 앞 뒤 이야기가 동화처럼 맥을 이뤄야 한다. 다음 단계에서는 A가 먼저 이야기를 한 다음에 단어를 말해 준다. B는 그 단어를 이용해 이야기를 잇고, 다음 단어를 말해 준다.
6) 바디 랭기지로 어떤 이야기를 나눈다. 나중에 표현 내용을 서로 확인해 본다. 3회 이상 메시지가 오가야 한다.

## 1. 내가 가장 자주 소통하는 사람은 누구인가?(3명)

| | | |
|---|---|---|
| | | |

## 2. 내가 소통을 더 잘해야 할 사람은 누구인가?(3명)

| | | |
|---|---|---|
| | | |

## 3. 앞의 소통 파트너에 대해 연구해 보자.[7)]

| 소통 파트너 | 소통하기 | | 내가 개선할 점 |
|---|---|---|---|
| | 편한 점 | 어려운 점 | |
| | | | |
| | | | |
| | | | |
| | | | |
| | | | |
| | | | |

7) 소통 파트너의 소통 스타일을 바꾸기는 어렵다. 그 스타일에 나를 맞추는 것이 현실적이다.

## 4. 가족 소통 시트 만들기

(1) 사례를 보고, 가족들과 소통을 통해 다음 표를 완성해 보자.

(2) 표를 그린 후 가족들에게 나누어 주고 가족 구성원들이 자신에게 원하는 것을 적극적으로 지켜 나가도록 당부해 보자.

| From | To | 가족 간 소통을 위해 원하는 것 1가지 |
|---|---|---|
| 나 | | |
| | | |
| | | |
| | | |
| | | |
| | | |
| | | |
| | | |
| | | |
| | | |
| | | |
| | | |
| | | |
| | | |
| | | |
| | | |
| | | |
| | | |
| | | |
| | | |
| | | |
| | | |
| | | |
| | | |
| | | |

예시

| From | To | 행복한 우리 가정을 위해, 이렇게 해 주세요. (1가지만) |
|---|---|---|
| 아버지(남편) | 어머니(아내) | 주말에 산책 함께 합시다. |
| | 자녀1 | 게임시간 좀 줄여라. |
| | 자녀2 | 어른들에게 인사 잘하자. |
| 어머니(아내) | 아버지(남편) | 주말에 아이들 공부 좀 지도해 줘요. |
| | 자녀1 | 늦는 날에는 미리 연락해줘. (식사 준비해야 하니까) |
| | 자녀2 | 아침에 스스로 미리 일어나자. |
| 자녀1 | 아버지 | 제 일은 스스로 결정하게 맡겨 주세요. |
| | 어머니 | 아버지에게 좀 더 친절하게 말씀해 주세요. |
| | 자녀2 | 내 물건 쓰고 제자리에 놔줘. |
| 자녀2 | 아버지 | 자전거 사 주세요. |
| | 어머니 | 용돈 좀 더 주세요. |
| | 자녀1 | 화내지 말아줘요. |

## 5. 다음은 어느 결혼식을 앞둔 예비 신랑, 또는 신부의 생각이다. 여러분은 어떻게 생각하는가?

| 신랑, 혹은 신부의 생각 | 나의 생각(이유) |
|---|---|
| ① 우리는 사이가 좋기 때문에 다투는 일이 없을 것이다. | |
| ② 배우자와의 관계가 좋으면 배우자 가족과의 관계는 별로 문제가 되지 않는다. | |
| ③ 결혼 후 배우자의 행동을 내가 원하는 대로 바꿀 수 있다. | |
| ④ 만족스러운 결혼생활은 저절로 이루어지는 것이지 노력해서 되는 것은 아니다. | |
| ⑤ 결혼생활에는 로맨틱한 사랑이 기초가 되어야 한다. | |
| ⑥ 배우자는 나의 현재의 짐을 덜어 줄 것이다. | |
| ⑦ 내가 원하는 것은 말하지 않아도 배우자는 내 마음을 잘 알아줄 것이다. | |

나의 소통 One Change!

06

# "不通하면 痛한다!"

●수업 열기●

## "동굴에서 광장으로!"

| | |
|---|---|
| ●입장 | 큰 소리로 인사하며 |
| ●짝꿍 옆에 앉는다. | 잘 알지 못하는 동료가 좋은 짝꿍이다. |
| ●구호 | "Let's 통!" "반미고잘!" |
| ●존재 확인(출석 체크) | 교수님의 호명에 아무 말이나 한마디로 대답한다.<br>(소통과 관련한 명언 등) |
| ●짝꿍 소통 | 짝꿍과 소통을 연습한다. 마주 보며, 명확하게!<br>① 먼저 웃으면 진다[1]<br>② 지는 가위바위보[2]<br>③ 폰 스토리텔링[3]<br>④ 끝말잇기[4]<br>⑤ 단어 스토리텔링[5]<br>⑥ 동작 스피치[6] |
| ●통통 인터뷰 | 매주 동료 2명 이상과 3분씩 인터뷰를 해서 내용을 기록한다.<br>이번 학기 목표 30명–수업 동료 25명, 교수와 직원 5명. |
| ●침묵 스피치 | 교실 탁자 앞에 나가 30초간 청중을 바라보고 들어간다. 익숙해진 후에는 인사나 인사말도 해 본다. 자원해서 나오도록 한다. |

1) 얼굴을 마주 서로 바라본다. 먼저 웃으면 진다. 3판.
2) 가위바위보 3판. 지는 사람이 이긴다. 진 사람은 "만세!", 이긴 사람은 박수!
3) 스마트폰의 사진 한 장을 골라 1분간 설명해 주고 궁금한 점을 묻는 질문에 답해 준다. 교대로.
4) "학교" "교실" "실내화"…처럼 끝말잇기
5) A가 단어를 말하고 그 단어를 이용해 한 문장으로 이야기를 한다. B가 단어를 말하고 그 단어를 이용해 한 문장으로 이야기를 한다. 단, 앞 뒤 이야기가 동화처럼 맥을 이뤄야 한다. 다음 단계에서는 A가 먼저 이야기를 한 다음에 단어를 말해 준다. B는 그 단어를 이용해 이야기를 잇고, 다음 단어를 말해 준다.
6) 바디 랭기지로 어떤 이야기를 나눈다. 나중에 표현 내용을 서로 확인해 본다. 3회 이상 메시지가 오가야 한다.

## 1. 코로나 팬데믹이 우리의 소통 방식에 미친 영향은 어떤 것들이 있을까?

(1) ____________________

(2) ____________________

(3) ____________________

(4) ____________________

(5) ____________________

## 2. 동영상[7]을 보고 무엇이 소통을 막는지 찾아보자.

## 3. 역사와 문학 속에서 소통의 실패 및 성공 사례와 원인을 찾아보자.

예) 갑돌이와 갑순이, 로미오와 줄리엣, 우주왕복선 챌린저호 폭발사고, 동서독 장벽 붕괴, 양창선의 생환, 헬렌 켈러와 설리반, 베트남 전쟁과 마리골드 협상, 이대목동병원의 신생아 6명 사망사고, 대구 지하철 사고

7) 유튜브 '안나의 실수' 등

4. 내가 소통에 실패한 경험을 구체적으로 적어 보자.

5. 다음 공공시각물에서 소통을 막는 장벽(Noise)은 무엇인지, 어떻게 하면 소통이 잘 될지 생각해 보자.

면회객통제 안내
1. 병실 면회시간 준수
요 일
면 회 시 간
평 일
12:00-14:00(2시간)
18:00-20:00(2시간)
토요일
12:00-20:00(8시간)
일요일
09:00-20:00(11시간)
2. 본관1층 현관출입문 밤10시
이후폐쇄 ➡ 3층 출입문 이용
병 원 장

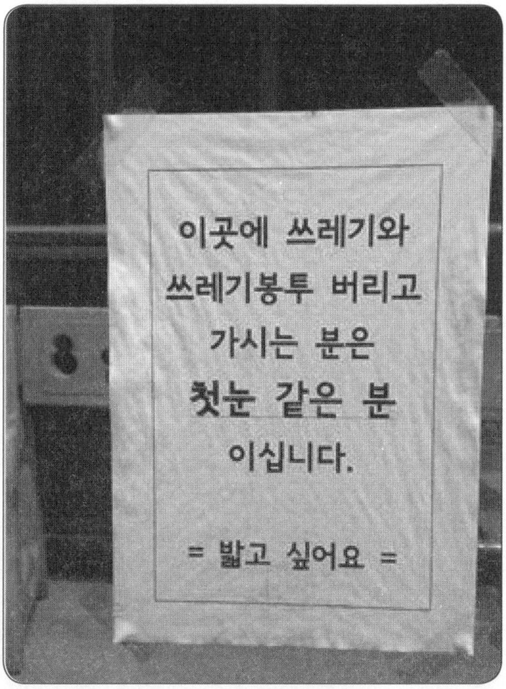
이곳에 쓰레기와
쓰레기봉투 버리고
가시는 분은
첫눈 같은 분
이십니다.
= 밟고 싶어요 =

고양페이
사용제한가맹점
차림표

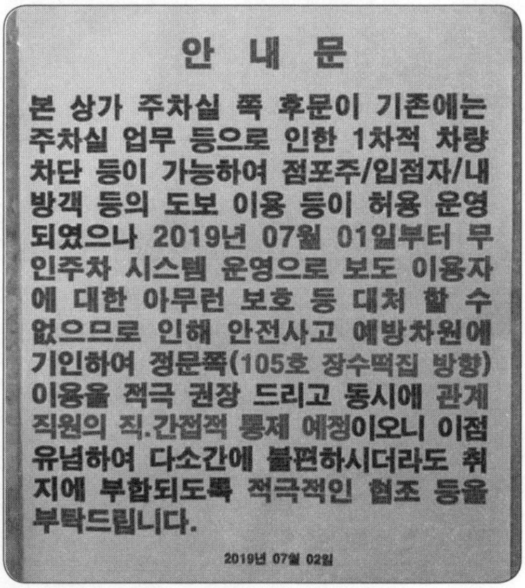
안 내 문
본 상가 주차실 쪽 후문이 기존에는
주차실 업무 등으로 인한 1차적 차량
차단 등이 가능하여 점포주/입점자/내
방객 등의 도보 이용 등이 허용 운영
되였으나 2019년 07월 01일부터 무
인주차 시스템 운영으로 보도 이용자
에 대한 아무런 보호 등 대처 할 수
없으므로 인해 안전사고 예방차원에
기인하여 정문쪽(105호 장수떡집 방향)
이용을 적극 권장 드리고 동시에 관계
직원의 직.간접적 통제 예정이오니 이점
유념하여 다소간에 불편하시더라도 취
지에 부합되도록 적극적인 협조 등을
부탁드립니다.
2019년 07월 02일

이곳에 汚物을 버리는 者는
犬의 堂叔이다

이곳에 쓰레기를
절대 버리지마세요
3대가 멸 할것입니다

밀수
알선

고속승차장
PLATFORM FOR EXPRESS BUS

경고문
이곳은 수산업협동조합법 제 16조 2항 및
동법 시행령 제3조 1항 에 의한 의항2리
비법인어촌계공동 양식장으로서 태안양식
제34.68호양식장이므로 외부인의 출입을
통제하고 있으니 무단으로 양식장 출입을
금하며수산물을채취하다가 적발되면관계
법에 의한 처벌을 받게됨을 경고합니다
- 외부인 절대 출입금지 -
의항2리 어촌계장 백

경고
브레이크 과열
사고 다발지역
급경사/급커브/내리막길
제차량 저단 . 저속운행
속초경찰서장

1 3 5
2 4
우측차로없어짐
차례로 진입

가족 · 연인 · 자전거 타러 오세요
산악자전거 코스오픈.(단체환영)

1.2 차 로
우회전금지
이 수 교
국립묘지
방면
3.4차로이용

B3
B1

서울 Seoul
동암역 Dongam Stn
시흥 Siheung
인천대공원
46
42
120
가좌IC
Gyeongin Expwy
벽돌막사거리
시청
City Hall

진입금지
2005 11 21

주차금지
을 위해 주차구획선외
를 안내합니다.
종로구청장

구 두
수 닦
선 음
상품권 매입.판매

음용수 전용입니다
고객 폭증시 물 부족 현상이 생길수 있사오니
다른 고객을 위해 다량의 물을
받아 가시는 것을 삼가해 주시면 감사하겠습니다.

당산역
Dangsan Station
60
마포대교
여의도
영등포시장
Yeongdeungpo Market
대방역
영등포역
Yeongdeungpo Station

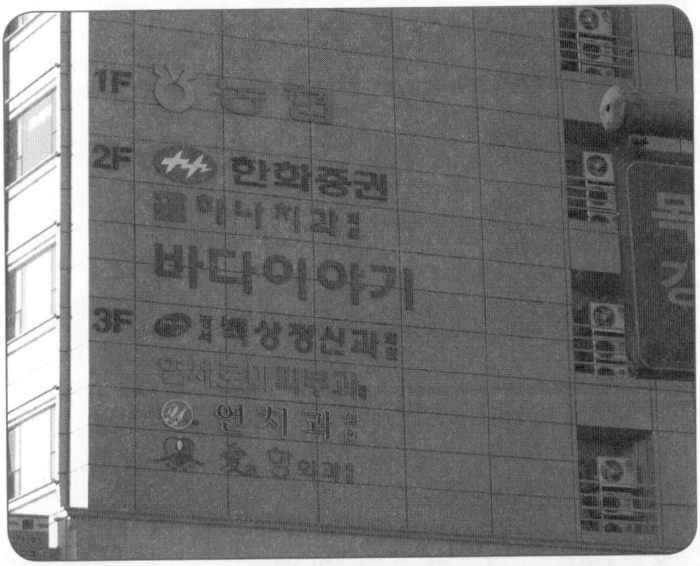
1F
2F
한화증권
바다이야기
3F

배식대 A
Serving Counter A

## 말이 通하는 공공 시각물 만들기 20계명[8)]

**▲ 잘 보이게**

1. 잘 보이는 곳에 미리 보이게 설치하라.
2. 잘 보일 수 있는 모양, 크기, 색으로 표현하라.
3. 이해하기 쉽게 그림 요소를 활용하라.
4. 의미가 끊어지지 않게 단어를 배열하라.

**▲ 간결하게**

5. 3초 이내에 이해하게, 20자 이내로 표현하라.
6. 정보량이 너무 많지 않게, 통합하고 나누고 생략하라.
7. 수식어를 줄이고, 단문(單文)으로 표현하라.
8. 꼭 필요한지 검토하라. 아니면 치워라.
9. 가장 중요한 것부터 우선적으로 표현하라.

**▲ 명확하게**

10. 가장 적절한 어휘를 찾아서 표현하라.
11. 이용자가 궁금해 하지 않게, 구체적이고 사실적으로 표현하라.
12. 이용자가 어떻게 해야 할지를 명확히 밝히라.

**▲ 쉽게**

13. 이용자가 이해할 수 있는 쉬운 어휘를 사용하라.
14. 이용자에게 익숙한 어순으로 표현하라.
15. 가급적 긍정적인 관점으로 표현하라.
16. 이용자 입장의 어휘를 사용하라.

**▲ 기분 좋게**

17. 아름다운 모습을 갖추라.
18. 이용자가 필요로 하는 것을 알려주라.
19. 친절하게 설득하라.
20. 재미있게 표현하라.

8) 이의용(2007). **말이 통하는 거리를 산책하고 싶다**. 리컴.

## 6. 1:1, 1:다수의 소통에서 소통을 방해하는 장벽(Noise)에는 어떤 것들이 있을까?

| | |
|---|---|
| (1) 발신자 | |
| (2) 상황 | |
| (3) 수신자 | |

나의 소통 One Change!

제 2 부

# 소통의 벽,
# 소통의 문

# Let's 通!

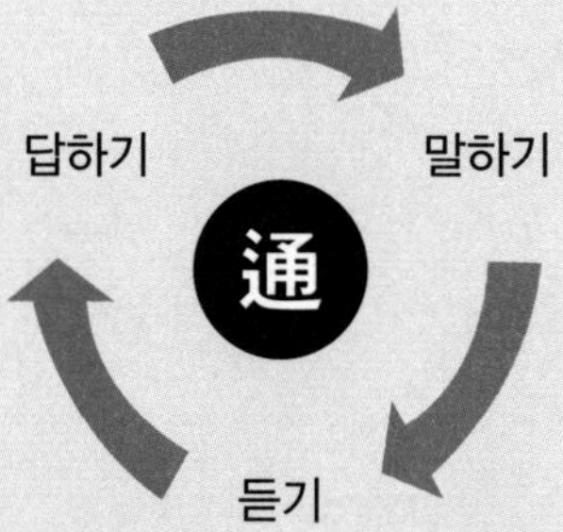

답하기
말하기
通
듣기

# 소통을 막는 벽-'다름'

07

## ●수업 열기●
## "동굴에서 광장으로!"

| | |
|---|---|
| ●입장 | 큰 소리로 인사하며 |
| ●짝꿍 옆에 앉는다. | 잘 알지 못하는 동료가 좋은 짝꿍이다. |
| ●구호 | "Let's 통!" "반미고잘!" |
| ●존재 확인(출석 체크) | 교수님의 호명에 아무 말이나 한마디로 대답한다.<br>(소통과 관련한 명언 등) |
| ●짝꿍 소통 | 짝꿍과 소통을 연습한다. 마주 보며, 명확하게!<br>① 먼저 웃으면 진다[1]<br>② 지는 가위바위보[2]<br>③ 폰 스토리텔링[3]<br>④ 끝말잇기[4]<br>⑤ 단어 스토리텔링[5]<br>⑥ 동작 스피치[6] |
| ●통통 인터뷰 | 매주 동료 2명 이상과 3분씩 인터뷰를 해서 내용을 기록한다.<br>이번 학기 목표 30명-수업 동료 25명, 교수와 직원 5명. |
| ●침묵 스피치 | 교실 탁자 앞에 나가 30초간 청중을 바라보고 들어간다. 익숙해진 후에는 인사나 인사말도 해 본다. 자원해서 나오도록 한다. |

1) 얼굴을 마주 서로 바라본다. 먼저 웃으면 진다. 3판.
2) 가위바위보 3판. 지는 사람이 이긴다. 진 사람은 "만세!", 이긴 사람은 박수!
3) 스마트폰의 사진 한 장을 골라 1분간 설명해 주고 궁금한 점을 묻는 질문에 답해 준다. 교대로.
4) "학교" "교실" "실내화"…처럼 끝말잇기
5) A가 단어를 말하고 그 단어를 이용해 한 문장으로 이야기를 한다. B가 단어를 말하고 그 단어를 이용해 한 문장으로 이야기를 한다. 단, 앞 뒤 이야기가 동화처럼 맥을 이뤄야 한다. 다음 단계에서는 A가 먼저 이야기를 한 다음에 단어를 말해 준다. B는 그 단어를 이용해 이야기를 잇고, 다음 단어를 말해 준다.
6) 바디 랭기지로 어떤 이야기를 나눈다. 나중에 표현 내용을 서로 확인해 본다. 3회 이상 메시지가 오가야 한다.

1. 소통이 어려운 사람들의 조합을 완성해 보고, 그 원인이 될 수 있는 장벽을 찾아보자.

| 소통이 어려운 사람 조합 | | 장벽(원인) |
|---|---|---|
| 유태인 | 아랍인 | |
| 기독교인 | 아랍인 | |
| 여당 | 야당 | |
| 교사 | 학생 | |
| 남한 | 북한 | |
| 부모 | 자녀 | |
| 감독 | 선수 | |
| 갑돌이 | 갑순이 | |
| 태극기 부대 할아버지 | 촛불 시위 손주 | |
| 지휘자 | 반주자 | |
| 의사 | 환자 | |
| 흑인 | 백인 | |
| | | |

| 소통이 어려운 사람 조합 | | 장벽(원인) |
|---|---|---|
| 남편 | 아내 | |
| 시어머니 | 며느리 | |
| 장모 | 사위 | |
| 한국인 | 일본인 | |
| 팀장 | 팀원 | |
| 사업주 | 노동자 | |
| 흥부 | 놀부 | |
| 로미오 | 줄리엣 | |
| 밀림 원주민 | 도시 사람 | |
| 판매자 | 소비자 | |
| 디지털 세대 | 아날로그 세대 | |
| 외국인 며느리 | 시어머니 | |
| | | |

2. 다음은 러시아의 시인 푸쉬킨 부부의 동상이다. 평소 두 사람의 관계는 어떠했을까? 동상의 어느 부분이 그것을 표현하고 있을까?

3. 다음 동영상의 사람은 어느 쪽으로 돌고 있을까?

## 4. 짝꿍과 다음 문제를 풀어 보자. 어떤 점이 같고 어떤 점이 다른가?

| 질문 | 답 |
|---|---|
| (1) 손깍지 끼면 어느 손 엄지가 위쪽에? | ① 오른손 엄지 ② 왼손 엄지 |
| (2) 걸레 짜는 동작(방향)은? | ① 오른손을 바퀴가 앞으로 구르는 모양으로 짠다 ② 반대로 |
| (3) 귀 후비는 손가락은? | ① 엄지 ② 검지 ③ 장지 ④ 약지 ⑤ 새끼 |
| (4) 태어난 달은? | (　　　　)월 |
| (5) 붕어빵 어디부터 먹나? | ① 머리 ② 꼬리 ③ 가슴 ④ 아무데나 |
| (6) 사탕 어떻게 먹나? | ① 녹여서 천천히 ② 깨물어서 |
| (7) 훌라후프 돌리는 방향은? | ① 시계 바늘 도는 방향 ② 반대 방향 |
| (8) 라면 먹을 때 어느 것 먼저? | ① 국물 ② 면 |
| (9) 양말 벗을 때 어느 쪽 먼저? | ① 왼발 ② 오른발 |
| (10) 공부할 때… | ① 음악 들으면서 ② 음악 안 듣고 |
| (11) 계란 어느 것 좋아하나? | ① 노른자위 ② 흰자위 |
| (12) 노래방에 가면? | ① 노래 부른다 ② 안 부르고 듣는다 |
| (13) 화나면 말이…? | ① 많아진다 ② 줄어든다 |
| (14) 다리 꼬고 앉을 때 | ① 왼쪽이 위로 ② 오른쪽이 위로 |
| (15) 사람 보면 인사를… | ① 먼저 한다 ② 상대방이 먼저 한다 |
| (16) 길 모를 때 | ① 묻는다 ② 안 묻는다 ③ 헤매다 나중에 묻는다 |
| (17) 치약 짤 때… | ① 뒤끝에서부터 누른다 ② 가운데를 누른다 |
| (18) 수업 시간에 어디에 앉나? | ① 앞 ② 뒤 ③ 옆 ④ 가운데 |
| (19) 책 읽는 순서 | ① 대충 내용 먼저 훑어 본다 ② 그냥 처음부터 읽어 나간다 |
| (20) 식사 때 어느 것 먼저 먹나? | ① 국 ② 밥 ③ 반찬 ④ 물 |

## 5. 세상의 모든 사람은 서로 다르다. 공통점보다는 차이점이 많다.

'다름(차이)'은 사람과 사람 사이의 소통을 막는 장벽이 된다. 성(性), 나이(세대), 성격(기질), 감정, 가치관, 비합리적인 생각, 성장 배경(문화, 언어, 맥락), 지식의 차이, 소통 기술, 자기 공개와 자신감의 차이 등이 소통의 장벽이 될 수 있다.

| | | |
|---|---|---|
| 성(性) | 나이(세대) | 성격(기질) |
| 감정 | 가치관 | 비합리적인 생각 |
| 성장 배경 | 지식의 차이 | 소통 기술 |
| 자기 공개 | 자신감 | 교육, 문화, 언어, 맥락 |

나의 소통 One Change!

# 소통의 벽

08

## ●수업 열기●
## "동굴에서 광장으로!"

| | |
|---|---|
| ●입장 | 큰 소리로 인사하며 |
| ●짝꿍 옆에 앉는다. | 잘 알지 못하는 동료가 좋은 짝꿍이다. |
| ●구호 | "Let's 통!" "반미고잘!" |
| ●존재 확인(출석 체크) | 교수님의 호명에 아무 말이나 한마디로 대답한다.<br>(소통과 관련한 명언 등) |
| ●짝꿍 소통 | 짝꿍과 소통을 연습한다. 마주 보며, 명확하게!<br>① 먼저 웃으면 진다[1]<br>② 지는 가위바위보[2]<br>③ 폰 스토리텔링[3]<br>④ 끝말잇기[4]<br>⑤ 단어 스토리텔링[5]<br>⑥ 동작 스피치[6] |
| ●통통 인터뷰 | 매주 동료 2명 이상과 3분씩 인터뷰를 해서 내용을 기록한다.<br>이번 학기 목표 30명-수업 동료 25명, 교수와 직원 5명. |
| ●침묵 스피치 | 교실 탁자 앞에 나가 30초간 청중을 바라보고 들어간다. 익숙해진 후에는 인사나 인사말도 해 본다. 자원해서 나오도록 한다. |

---

1) 얼굴을 마주 서로 바라본다. 먼저 웃으면 진다. 3판.
2) 가위바위보 3판. 지는 사람이 이긴다. 진 사람은 "만세!", 이긴 사람은 박수!
3) 스마트폰의 사진 한 장을 골라 1분간 설명해 주고 궁금한 점을 묻는 질문에 답해 준다. 교대로.
4) "학교" "교실" "실내화"…처럼 끝말잇기
5) A가 단어를 말하고 그 단어를 이용해 한 문장으로 이야기를 한다. B가 단어를 말하고 그 단어를 이용해 한 문장으로 이야기를 한다. 단, 앞 뒤 이야기가 동화처럼 맥을 이뤄야 한다. 다음 단계에서는 A가 먼저 이야기를 한 다음에 단어를 말해 준다. B는 그 단어를 이용해 이야기를 잇고, 다음 단어를 말해 준다.
6) 바디 랭기지로 어떤 이야기를 나눈다. 나중에 표현 내용을 서로 확인해 본다. 3회 이상 메시지가 오가야 한다.

1. 다른 사람에게는 나도 (                    )이 된다. 서로 다른 사람이 서로 소통을 잘하려면 '다름'을 이해하고 극복하는 방법을 터득해야 한다.

2. 어떻게 다른가?

**1) 성(性)**[7)]

(1) 심리학자 그레이는 남성과 여성이 상대방에게 기대하는 것이 어떤 것인지를 연구하여 발표하였다. 다음 12가지의 보기 중 남성이 여성에게, 여성이 남성에게 받고자 하는 것은 각각 어떤 것일까? 이성 동료들과 토의하여 남녀별로 나눠보고, 그 순위도 정해 보자.

| |
|---|
| 신뢰, 관심, 인정, 이해, 감사 존중, 찬미, 헌신, 찬성, 공감, 격려, 확신 |

| 순위 | 1위 | 2위 | 3위 | 4위 | 5위 | 6위 |
|---|---|---|---|---|---|---|
| 남성이 기대하는 것 | | | | | | |
| 여성이 기대하는 것 | | | | | | |

(2) (남성, 여성)인 내가 이성에게서 기대하는 것 3가지는 무엇인가?

| | | |
|---|---|---|
| | | |

(3) 내가 가장 자주 소통하는 이성 파트너(부모, 이성 동료, 이성 교수 등)가 내게 가장 원하는 가치는 어떤 것일까?

| 이성 파트너 | 내게 원하는 가치 | | |
|---|---|---|---|
| | | | |
| | | | |
| | | | |

7) 성별 특성이 절대적인 것은 아니다.

(4) 다음 단어의 차이를 구분해 보자.

① Gender

② Sex

(5) 남성과 여성은 왜 이렇게 다를까?

## 2) 세대(나이)

(1) 다음 여러 특성을 더 가깝다고 생각되는 세대 쪽으로 분리해 보자.[8)]

| 아날로그 세대 | 특성 | 디지털 세대 |
|---|---|---|
| | 좋고 싫음 따지기, 옳고 그름 따지기 | |
| | 이성적, 감각적 | |
| | 논리적, 직관적 | |
| | 분석적, 본능적 | |
| | 경계 허물기, 경계 만들기 | |
| | 내용보다 형식, 형식보다 내용 | |
| | 수직적 사고, 수평적 사고 | |
| | 독점, 공평 | |
| | 통제, 자율 | |
| | 간섭, 위임 | |
| | 고맥락, 저맥락 | |

(2) 세대별 특성은 왜 이렇게 다를까?

## 3) 성격(기질)

(1) 새벽 2시, 아파트 어느 집에선가 격렬한 부부 싸움 소리가 들려온다. 이때 사람마다 대처하는 방식(태도)은 다르다. 당신이라면 다음 중 어느 스타일인가?

① 창문을 열고 "조용히 못해? 지금이 몇 시인 줄 알아?" 하고 외친다.

② 투덜대다가 그냥 잔다.

③ 112에 신고한다.

8) 세대의 특성이 절대적인 것은 아니다.

(2) 사람의 행동은 그 사람의 성격이나 기질에 따라 다르게 나타난다. 기질(temperament)이란 타고난 성품을 말한다. 기질은 태어날 때부터 선천적으로 결정되는 비교적 고정적인 성품이다. 이러한 기질은 보통 유전적으로 결정되지만 변화될 수 없는 것만은 아니다. 이에 비해 성격(character)이란 기질 위에 출생 후 경험하게 되는 교육과 훈련, 주위 환경 등의 요인이 작용해 꾸준히 형성되는 성품을 말한다.

(3) 4가지 기질의 특성[9)]

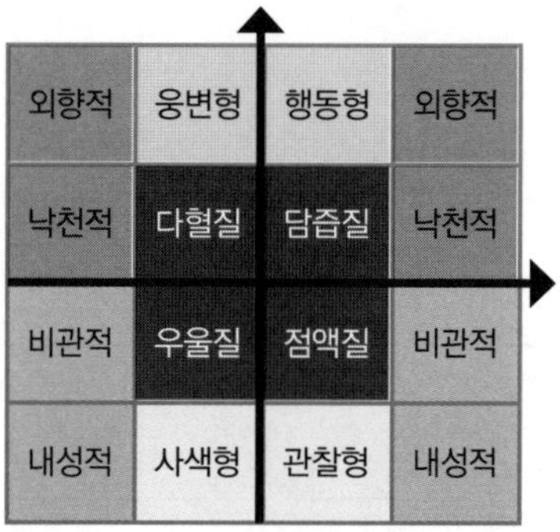


| 1. 대중적 다혈질<br>– 웅변적, 외향적, 낙천적 | 2. 역동적 담즙질<br>– 행동가, 외향적, 낙천적 |
|---|---|
| • 다른 사람에게 호감을 준다.<br>• 무슨 일이든 쉽게 자원한다.<br>• 이야기를 좋아한다.<br>• 새로운 일을 만들어 낸다.<br>• 파티를 좋아한다.<br>• 겉으로 잘하는 것처럼 보인다.<br>• 유머 감각이 있다.<br>• 창조적이고 기발하다.<br>• 기억력이 좋다.<br>• 피부 접촉을 좋아한다.<br>• 힘과 정력이 넘친다.<br>• 감정이 풍부하다.<br>• 다른 사람들을 끌어들인다.<br>• 적극적으로 자신을 표현한다.<br>• 다른 사람들이 일하게 만든다.<br>• 명랑하다.<br>• 호기심이 많다.<br>• 무대 체질이다.<br>• 순진하고 순박하다.<br>• 말이 너무 많다.<br>• 꾸준히 하지 않는다. | • 천성적 지도자이다.<br>• 목표 지향적이다.<br>• 역동적이고 활동적이다.<br>• 전체를 바라본다.<br>• 변화를 필요로 한다.<br>• 조직적이다.<br>• 잘못된 것은 고쳐야 한다.<br>• 실제적인 해결책을 찾는다.<br>• 의지가 강하고 단호하다.<br>• 즉시 행동에 옮긴다.<br>• 감정에 치우치지 않는다.<br>• 다른 사람에게 위임한다.<br>• 쉽게 낙담하지 않는다.<br>• 생산성에 역점을 둔다.<br>• 독립적이다.<br>• 목표를 설정한다.<br>• 자신감이 있다.<br>• 다른 사람들을 참여시킨다.<br>• 무엇이든지 감당할 수 있다.<br>• 반대에도 굴하지 않는다.<br>• 나는 잘못이 없다.<br>• 강박관념에 빠진 일벌레 |

9) 히포크라테스

| 3. 완벽주의 우울질<br>– 사색가, 내성적, 비관적 | 4. 평온한 점액질<br>– 관찰자, 내성적, 비관적 |
|---|---|
| • 사려 깊다.<br>• 짜여진 계획에 따라 일한다.<br>• 분석적이다.<br>• 완벽주의자로서 높은 표준을 갖는다.<br>• 진지하고 목적의식이 있다.<br>• 세세한 것까지 신경을 쓴다.<br>• 천재적인 면이 있다.<br>• 꾸준하고 철저하다.<br>• 재능이 있고 창조적이다.<br>• 질서 있고 조직력이 있다.<br>• 예술적이다.<br>• 깔끔하다.<br>• 철학적이고 시적이다.<br>• 경제적이다.<br>• 심미안이 있다.<br>• 문제를 파악한다.<br>• 창조적인 해결책을 갖는다.<br>• 다른 사람들에게 민감하다.<br>• 시작한 것은 끝을 내야 한다.<br>• 자기 희생적이다.<br>• 도표와 그래프와 목록을 좋아한다.<br>• 신중하다.<br>• 이상을 추구한다.<br>• 문제만 찾는다. 부정적이다. | • 겸손하고 온유하다.<br>• 유능하고 꾸준하다.<br>• 태평스럽고 느긋하다.<br>• 평화롭고 상냥하다.<br>• 고요하고 냉정하고 침착하다.<br>• 행정능력이 있다.<br>• 인내심이 있다.<br>• 문제를 중재한다.<br>• 균형 잡힌 생활을 한다.<br>• 다투지 않는다.<br>• 일관성이 있다.<br>• 압력을 받아도 잘 견딘다.<br>• 조용하지만 위트가 있다.<br>• 쉬운 길을 찾는다.<br>• 동점심이 있고 친절하다.<br>• 감정을 드러내지 않는다.<br>• 현실을 즐겁게 받아들인다.<br>• 어떤 일에도 잘 적응한다.<br>• 의지가 약하고 결단력이 약하다.<br>• 열정이 없다.<br>• 우유부단하다. |

① 나는 어느 기질에 가까운가?

② 다른 사람과 소통하는 데 있어 나의 기질의 약점 및 보완점은?

| 약점 | 보완점 |
|---|---|
| | |
| | |
| | |

③ 나와 비슷하거나 다른 기질의 다른 사람을 어떻게 대할 것인가?

| 내 기질 이름 | 다른 사람의 기질 | 소통 시 주의할 점 |
| --- | --- | --- |
| | 다혈질 | |
| | 담즙질 | |
| | 우울질 | |
| | 점액질 | |

④ 내가 가장 자주 소통하는 사람과 어떻게 소통할 것인가?

| 가장 자주 소통하는 사람 | 그 사람의 기질 | 내가 소통할 때 주의할 점 |
| --- | --- | --- |
| | | |

⑤ 사람들의 기질은 왜 이렇게 다를까?

## 4) 감정

(1) 오늘 나의 감정 상태를 감정 형용사(어떠하다)로 나타낸다면?

(2) 16가지 감정

Plutchik의 정서바퀴[10)]

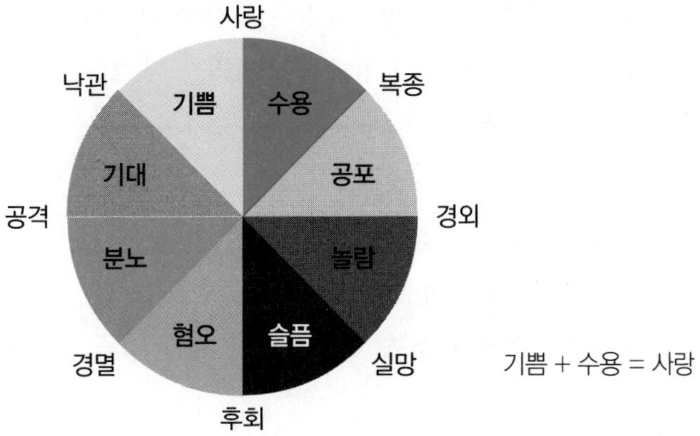


(3) 짧은 그림이나 동영상을 보고 느낀 나의 감정을 적어 보자. (위 16가지 감정을 참고하여)

| | | | |
|---|---|---|---|
| | | | |

(4) 감정과 감성

① 감성: 어떤 자극에 의하여 느낌이 일어나는 능력. 느낌을 받아들이는 성질, 감수성.

② 감정: 느끼어 일어나는 심정, 마음, 기분. 느끼어 일어나는 슬픔, 기쁨, 좋음, 싫음 따위의 마음이나 심리상태.

③ 감수성의 능력은 사람마다 다르다. 감정의 과잉, 결핍 현상, 그리고 부정적 감정 조절의 실패는 비인간화, 폭력화, 비합리적인 행동 유발의 원인이 되기도 한다.

④ 감수성의 차이는 직업에도 영향을 미친다. 예술가와 법조인의 감수성에는 차이가 있다.

10) 민경환(1995).

(5) 70% 이론

지구의 70%는 물, 인체의 70%는 물, 마음의 70%는 감정으로 이루어져 있다.

(6) 수문장

① 감정은 사람의 마음을 지키는 수문장. 소통은 상대방의 문을 여는 순간 시작된다. 소통을 잘하려면 자신과 상대방의 마음의 문부터 열어야 한다.

② 이성이 인간을 만들어 간다고 하면, 감정은 인간을 이끌어 간다(루소). 감정은 인간이 세계와 교역을 하는 창이다. 그 창유리에 서리가 껴 흐려진다는 것은 바깥 세계와 담을 쌓는다는 것이다(장용학).

(7) 긍정적인 감정, 부정적인 감정

① 긍정적인 감정: 기쁨, 자기 긍정심, 사랑과 애정, 안도감

② 부정적인 감정: 분노, 불안과 공포, 죄책감과 수치심, 슬픔, 시기와 질투, 혐오감, 고독감

★ 다른 사람과 소통을 하려 할 때에는 상대방이 긍정적인 감정을 갖도록 표현에 유의해야 한다. 감정이 상대방과의 소통에 결정적인 영향을 미치기 때문이다.

(8) 감정의 특징

① 사람마다 다르다.

② 수시로 달라진다.

③ (                    )에 영향을 미친다.

④ 다른 사람의 감정에 영향을 미친다.

⑤ (                    )가 쉽지 않다. 특히 부정적인 감정이 그렇다.

(9) 나 혹은 나의 소통 파트너가 무심코 쓰는 말투 중 부정적인 감정을 유발할 수 있는 것들을 찾아보자.

| | |
|---|---|
| | |
| | |
| | |
| | |

## 5) 가치관

(1) 다음 질문에 대해 당신은 어떤 의견(찬성, 반대)을 갖는가?

① 가족의 안락사에 대해

② 임신 중절에 대해

③ 흡연에 대해

④ 이혼에 대해

⑤ 비혼 출산에 대해

⑥ 텔레비전의 술 광고에 대해

⑦ 사형제도에 대해

⑧ 원자력 발전 운영에 대해

(2) 가치관이란 자신이 옳다고 믿는 신념이다. 이러한 신념은 종교, 정치, 문화적 가치관에 뿌리를 둔 경우가 많다. 이러한 가치관은 개인 간에는 물론이고, 사회 집단 간에 갈등의 원인이 될 수 있다.

## 6) 비합리성(논리성)

(1) 다음 3가지의 공통점은?

| | | |
|---|---|---|
| 취객 | 맹견 | 세 살 배기 어린아이 |

(2) 마음(생각)은 성격의 중요한 의사소통센터

생각은 우리 안에서 분석하고, 평가하고, 비평하거나 판단하는 부분이다. 우리는 우리가 생각하고 믿는 대로 느끼고 행동한다. "인간을 방해하는 것은 사건이 아니라 그것을 받아들이는 그의 관점이다." (그리스 철학자 에피클레투스)

(3) 사실(Facts)과 인식(Perceptions)

우리가 내리는 결론과 판단, 자기 대화는 사실보다 인식에 기반을 두고 있다. 인식을 사실과 혼동해서는 안 된다. 그래서 인식을 말할 때에는 "내 생각에는…." 식으로 표현해야 한다. 인식을 사실처럼 단정적으로 진술하면(항상, 절대로) 비합리적인 결과를 초래하게 된다. '사실'은 논쟁할 여지가 없지만, '인식'은 논쟁거리가 된다.

(4) 합리적 사고(Rational Thinking)와 비합리적 사고(irrationalthinking)

① 합리적 사고란 자기 자신과 다른 사람들, 자기 주위 세상에 대해 정확하고 적절하게 사고하는 것이다. 현실과 일치한 사고를 말한다. "실수하는 것은 인간적인 것이다." "누구나 나이를 먹으면 죽는다." "심은 대로 거둔다."와 같은 생각을 말한다.

② 비합리적 사고란 자기 자신과 다른 사람들, 자기 주위 세상에 대해 정확하지 않고 적절하지 않게 사고하는 것이다. 현실과 일치하지 않는 사고를 말한다. 비합리적 사고는 우울증, 불안, 죄책감, 염려를 낳으며 불행의 1차적인 원인이 될 수도 있다.

③ 다음 중 '합리적 사고'와 비합리적 사고'를 구분해 보자. 왜 그렇게 생각하는지 말해 보자.

- 나는 항상 잘해야 한다.
- 나는 항상 친절하고 상냥한 대우를 받아야 한다.
- 나는 모든 사람에게 사랑과 인정을 받아야 한다.
- 상황은 내가 원하는 대로 되어야 한다.
- 문제가 생길 때 그것을 직면하기보다는 피하는 게 더 쉽다.
- 내가 행복해지려면 모든 일이 내 방식대로 되어야 한다.
- 나의 불행은 외부 요인들 때문이다.
- 다른 사람들은 종종 나를 화나게 한다.
- 그것은 다 내 손 안에 넣을 수 있다.
- 내 행동이 따라주는 만큼만 나는 괜찮다.
- 삶은 어려움이 있어서는 안 된다.
- 삶은 공평해야 한다.
- 원하는 것을 미루고 기다려서는 안 된다.
- 사람들은 근본적으로 선하다.

(5) 미래에 대한 공상, 과거에 대한 공상

"만일 이렇게 된다면(what if)" "만일 이랬더라면(if only)". 공상 속에서 비합리적인 삶을 사는 사람이 이런 말을 자주 사용한다.

① "만일 이렇게 된다면"은 미래에 대한 공상이다. 어쩌면 절대로 일어나지 않을 일일 수도 있다. 그런 공상이 일어나지 않을 일을 일어나게도 만든다. 이런 공상은 불안과 우유부단함, 우울증으로 이어진다.

② "만일 이랬더라면"은 과거에 대한 공상이다. 다시는 바꿀 수 없는 현실에 대한 공상이다. 이러한 공상은 불안, 적개심, 쓴 뿌리로 이어진다.

(6) 균형의식

지나치게 부정적인 사고는 포기를 유발할 수 있고, 지나치게 긍정적인 사고는 실패를 불러올 수 있다. 균형의식이 중요하다.

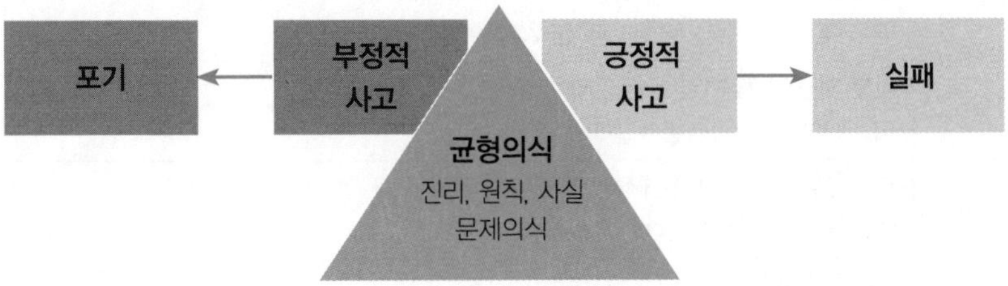


★ 이상에서 살펴본 비합리적인 사고는 소통을 막는 심각한 장벽이다. 맹견이 사람을 물고, 취객이 '말도 안 되는 이야기'를 늘어놓는 것, 어린 아이가 떼를 쓰는 것은 합리적인 사고가 안 되기 때문이다. 논리성, 또는 합리적인 사고가 소통의 문을 열어 준다.

⊙ 다음은 우리의 생각에 나타나는 오류들이다. 이러한 오류의 렌즈로 세상을 바라볼 경우 세상이 왜곡되어 보일 수밖에 없다. 다음 중 나에게 해당되는 것이 어느 것인지 표시해 보자.

| 종류 | 현상 | 해당 여부 |
|---|---|---|
| 확대와 축소 | 잘못은 확대하고 성공은 축소한다.<br>예: "25문제 중 4개나 틀렸네." | |
| 긍정적인 것의 평가절하 | 성공이나 찬사에 대해 그 가치를 깎아버린다.<br>예: "어쩌다 잘 한 걸 가지고, 뭘…." | |
| 파멸적 사고 | 가장 나쁜 일이 일어날 것이라고 예상한다.<br>예: "오늘 발표 때 틀림없이 망칠 거야." | |
| 개인화 | 다른 사람이 관련된 부정적인 사건에 대한 비난을 스스로 자신이 받아들인다.<br>예: "내가 그 때 그 자리에 갔어야 하는데… 다 내 책임이야." | |
| 과잉 책임 | 자신의 삶에서 실패한 부분에 대해 지나치게 책임을 지려고 한다.<br>예: "재수를 해서 대학 간 것은 내 인생에서 최악의 실패였어. 그 바람에 까먹은 돈이…." | |
| 자기 중심적 사고 | 자기 평가적인 사고. 세상이 나를 지켜보고 나의 문제를 지나치게 살펴보고 있다고 생각한다.<br>예: "내 키가 작으니 사람들이 모두 날 우습게 여길 거야." | |
| 과잉 일반화 | 나쁜 사건이 계속 일어날 것으로 추측한다. (머피 법칙)<br>예: "내게는 항상 그런 일이 일어난다." | |
| 선택적 추상화 | 부분만을 선택하고 전체적인 그림을 보지 않는다.<br>예: "하나를 보면 열을 안다." | |
| 감정적 논리 | 자신의 감정에 근거하여 생각한다.<br>예: "그렇지 않아도 짜증나 죽겠는데 왜 늦는 거야?" | |
| 비약적인 결론 | 상대방이 나에 대해 생각하고 있을지 모르는 것을 읽어내려고 노력한다.<br>예: "날 자꾸 쳐다보는 걸 보니 날 좋아하는가 봐." | |
| 낙인찍기 (꼬리표 붙이기) | 제한된 지식에 근거하여 사람을 분류한다.<br>예: "영어를 잘 하는 걸 보니 유학을 다녀왔나 봐." | |
| 이분법적 사고 | 모든 것을 이것 아니면 저것, 흑과 백으로 이분화해서 생각한다.<br>예: "A+가 아니면 잘 한 게 아니야." | |
| 과잉 일반화 | 한 번 일어난 부정적인 일이 계속 일어날 것이라고 임의로 결론짓는다.<br>예: "우산을 잃어버리다니 오늘 일진이 안 좋아." | |
| 성급히 결론짓기 | 사실인지 아닌지 확인도 안 해보고 그렇다고 확신한다.<br>예: "내 전화를 안 받는 것 보니 나를 무시하는 게 분명해." | |
| 장점 무시하기 | 자신이 잘 한 점을 평가 절하한다.<br>예: "이번에 발표를 무사히 끝낸 건 발표주제가 쉬웠기 때문이야." | |
| 당위 진술 | 반드시 해야 한다, 해서는 안 된다고 생각한다.<br>예: "절대로 실수해서는 안 돼." | |
| 파국적인 예상 | 최악을 예상하고 그것이 일어날 것이라고 생각한다.<br>예: "난 발표를 다 망치고 모두에게 망신을 당하고 될 거야." | |

### 7) 성장 배경

그가 어떤 성장 환경에서 성장했는지도 소통에 적지 않은 영향을 준다. 대가족 상황에서 자랐는지, 엄격한 부모의 지도를 받았는지, 부모의 직업이 무엇이었는지, 도시에서 자랐는지, 경제 사정이 어떠했는지, 이사나 여행 경험이 많았는지 등도 소통 스타일에 영향을 준다.

### 8) 교육, 문화, 언어, 맥락

(1) 우리나라 학생들이 외국 학생들에 비해 소통 역량이 크게 뒤지는 건 여러 조사를 통해 잘 알려져 있다. 필자는 자기의 생각을 자유롭게 표현할 수 없는 일방적인 주입식 교육의 원인이 가장 크다고 생각한다. 특히 소통의 4중주라고 할 수 있는 '말하기-듣기, 쓰기-읽기' 중 자신의 생각을 표현하는 '말하기'와 '쓰기'가 생략되고 있는 것이 소통 역량을 키우지 못하는 결정적인 원인이라고 생각한다.

(2) 전통적인 수직적 가부장적 문화도 자기 생각을 자유롭게 표현하지 못하게 하는 장벽이다. 이러한 문화가 학교 수업에서 질문도 막는다. 눈치를 많이 보는 한국 문화도 소통에 큰 장벽이다.[11] 말콤 글래드웰이 쓴 『아웃라이어』에는 비행기 추락에 담긴 문화적 비밀이 소개되고 있다. 비행기 기장과 부기장 사이의 경직된 소통 문화가 사고의 원인이라는 지적이다.

(3) 모국어와 외국어 구사 능력은 의사소통에 중요한 수단이 된다. 그런데 모국어 사용에서도 비문, 단축어, 속어, 사투리 등은 소통을 막는 장벽이다. 개와 고양이는 꼬리를 올리는 때가 서로 다르다. 개는 기쁠 때, 고양이는 화가 날 때 꼬리를 올린다. 그래서 개와 고양이는 만나면 다투게 된다. 여러 나라 정상들이 회담을 할 때 전문 통역사의 역할은 대단히 중요하다. 언어가 다르면 소통이 잘 되지 않기 때문이다. 그러나 수년 전 우리는 남북한 정상이 통역 없이 단 둘이 회담을 하는 모습을 목격할 수 있었다. 효과야 더 기다려 볼 일이지만, 의미의 전달은 매우 정확하게 잘 이뤄졌을 것이다.

(4) 존대어, 호칭도 소통을 막을 수 있다. 잘못된 존대어나 원하지 않는 호칭은 상대방의 감정을 부정적으로 바꿀 수도 있다.

---

11) "눈치가 한국인들에게 집단주의와 내향성, 그리고 무엇보다 '조용히 입을 다물고 있는 상태'를 유지하도록 요구하고 있다."
–뉴욕타임즈, 2019. 11. 2.

12) 다시 한 번 또박또박 읽어 보면 깜짝 놀랄 일이 생길 것이다. 제목부터.

(5) 다음 글을 읽어 보자.[12)]

재있미고 신하기네요?
캠릿브지대학의 연결구과에 따르면, 한 단어 안에서 글자가 어떤 순서로 배되열어 있는가 하것는은 중하요지 않고, 첫째번와 마지막 글자가 올바른 위치에 있것는이 중하요다고 한다. 나머지 그들자은 오나전히 엉진망창의 순서로 되어 있지올라도 당신은 아무 문없제이 이것을 읽을 수 있다. 왜하냐면 인간의 두뇌는 모든 글자를 하나하나 읽것는이 아니라 단어 하나를 전체 인하식기 때이문다.

(6) 다음 중 대표적인 고맥락 문화권, 저맥락 문화권은 어느 나라일까?

중국, 한국, 일본, 베트남, 아랍, 그리스, 스페인, 이태리, 영국, 북미, 스칸디나비아, 스위스, 독일

① 서구의 의사소통은 대체로 저맥락이고 동양의 의사소통은 고맥락인 경향이 있다. "언제 밥 한번 먹자!"라고 인사를 나눈다고 하자. 동양 사람끼리는 고개를 끄덕이며 그냥 지나가지만, 서양 사람에게 이렇게 인사를 하면 즉시 수첩을 꺼내 날을 잡으려 한다. 음식을 권할 때 "괜찮다."고 하더라도 동양 사람끼리는 음식을 더 주지만, 서양 사람은 더 이상 권하지 않는다. 이런 게 맥락(Context)이다. 맥락의 깊이는 소통에 많은 영향을 준다. '침묵'도 마찬가지다.

② 고맥락 의사소통과 저맥락 의사소통의 차이

| 고맥락 의사소통 | 저맥락 의사소통 |
| --- | --- |
| • 결합력, 응집력이 강하다. | • 결합력, 응집력이 없거나 약하다. |
| • 수명이 길다. | • 수명이 짧다. |
| • 잘 변하지 않는다. | • 쉽게 변한다. |
| • 의미 전달에 언어 의존도가 낮다. | • 의미 전달에 언어 의존도가 높다. |
| • 눈치, 직감 등을 이용해서 분위기 파악에 주력한다. | • 솔직, 직선적, 정확한 표현에 주력한다. |

고맥락 의사소통은 암묵적이며 최적(The Optimality)을 추구한다. 그러나 저맥락 의사소통에서는 직접적이며 합리적인 대화를 통해 최상, 최선(The Best)을 추구한다. 따라서 고맥락 의사소통은 저맥락 문화권에서는 비사교적 행위, 오해를 초래하여 소통이 거부되기 쉽다. 반면에 저맥락 의사소통은 고맥락문화권에서 천박함, 무례로 받아들여져 소통이 거부되기 쉽다.

③ 최근 우리 사회가 서구화되면서 고맥락에서 저맥락으로 변해가고 있다. “말하지 않아도 알아요.”에서 “말하지 않으면 몰라요.”로 바뀌어가고 있는 것이다. 이 과정에서 고맥락 소통에 익숙한 세대와 저맥락 소통에 호의적인 세대 간에 소통이 어려워지고 있는 것도 비슷한 현상이다.

### 9) 배경지식

학력이 지식과 비례하는 건 아니지만, 지식 수준은 소통에 적지 않은 영향을 미친다. 여기서 말하는 지식이란 전문지식, 교양지식을 말한다. 나누고자 하는 주제에 대해 상대방이 배경지식이 있는 경우와 없는 경우의 소통 효과는 크게 달라질 수 있다.

### 10) 소통 기술

우리의 삶은 전체가 소통 활동이다. 소통하지 않고는 삶을 영위해 나갈 수가 없다. 가장 기초적인 소통 기술을 연습해야 하는 공간은 가정과 학교다. 성장 과정에서 소통에 필요한 기초적인 기술을 체득하지 못한 결과 직장생활, 결혼생활 등에서 많은 갈등을 겪고 해결하지 못하는 수가 많다.

### 11) 자기 공개와 자신감

(1) 2차 세계대전 당시 처칠이 루스벨트 대통령과 회담을 하기 위해 미국에 갔다. 루스벨트가 처칠이 묵고 있는 호텔방으로 들어갔다. 그때 처칠은 알몸으로 수건만 두른 채였다. 그런데 루스벨트가 들어오는 순간 수건이 흘러 내려 알몸이 되고 말았다. 이를 본 루스벨트가 “이거 미안하게 됐소.”라고 하자, 처칠은 두 팔을 벌리면서 이렇게 말했다고 한다. “보시다시피, 우리 대영제국은 미국과 미국 대통령에게 감추는 것이 아무 것도 없습니다.”

(2) 상대방에게 자신을 얼마나 공개하느냐, 자기가 자신에 대해 얼마나 잘 아느냐가 소통에 큰 영향을 미친다. 내가 나를 얼마나 아는가, 남이 나를 얼마나 아는가(내가 남에게 나를 얼마나 공개하는가)로 4가지 유형을 만들어 볼 수 있다. 유형별로 특성과 보완할 점을 생각해 보자.

| | | |
|---|---|---|
| ↑ 남이 나를 안다 | 2<br>마네킹형 | 1<br>광장형 |
| | 4<br>동굴형 | 3<br>간첩형 |

내가 나를 안다→

| 스타일 | 특성 | 특성이 생긴 원인 | 보완해야 할 점 |
|---|---|---|---|
| 1<br>광장형 | 나는 나를 잘 안다.<br>남들이 나를 잘 안다. | 표현을 잘한다.<br>듣기를 잘한다. | |
| 2<br>마네킹형 | 나는 나를 잘 모른다.<br>남들이 나를 잘 안다. | | |
| 3<br>간첩형 | 나는 나를 잘 안다.<br>남들이 나를 잘 모른다. | | |
| 4<br>동굴형 | 나는 나를 잘 모른다.<br>남들이 나를 잘 모른다. | 표현도 안 하고<br>듣기도 안 한다. | |

① 1, 2형은 자신을 잘 드러내는 유형인 데 비해, 3, 4,형은 자신을 노출시키지 않는 유형이다. 또 1, 3형은 자신에 대해 잘 알지만, 2, 4형은 자신에 대해 잘 알지 못한다. 자신에 대해 잘 알지 못하는 건 듣지 않기 때문이다. 2, 3, 4형은 모두 소통이 안 된다. 소통은 상대방을 알아가는 과정인데, 자신을 감추니 한계에 직면할 수밖에 없다.

② 자신을 공개하지 않는 이유는 자신감이 부족하기 때문이다. 자신의 부족한 부분이 드러날까 봐, 그걸 남들이 어떻게 생각할지 불안해서 자기 공개를 거부하는 것이다. 파리 시내에서 에펠탑이 보이지 않는 곳은 단 한 군데, 에펠탑 안이다. 또 자기에 대한 소문은 자기가 제일 늦게 듣는 법이다. 자기를 감추는 한, 소통은 조금도 진전하지 못한다.

(3) 나는 어느 유형에 가까운가?

| 나의 유형 | 소통을 잘 하기 위해 개선해야 할 점 |
|---|---|
| | |

(4) 다른 유형과 어떻게 소통해야 하는가?

| 나의 유형 | 상대방 유형 | 유의할 점 |
|---|---|---|
| | 광장형 | |
| | 마네킹형 | |
| | 간첩형 | |
| | 동굴형 | |

(4) 다른 유형과 어떻게 소통해야 하는가?

나의 소통 One Change!

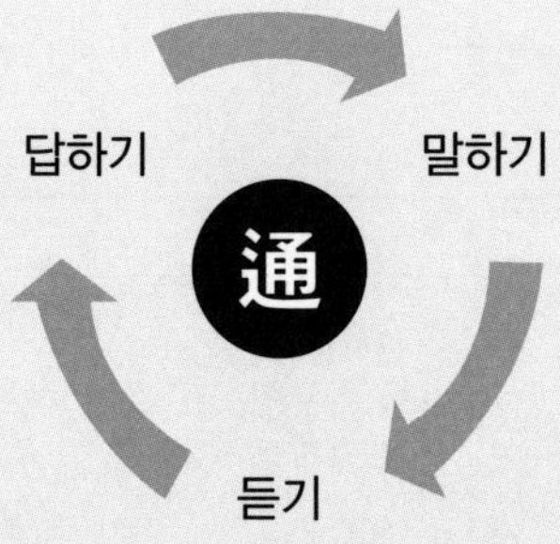

답하기
말하기
通
듣기

# 소통의 열쇠

09

## ●수업 열기●
## "동굴에서 광장으로!"

| | |
|---|---|
| ●입장 | 큰 소리로 인사하며 |
| ●짝꿍 옆에 앉는다. | 잘 알지 못하는 동료가 좋은 짝꿍이다. |
| ●구호 | "Let's 통!" "반미고잘!" |
| ●존재 확인(출석 체크) | 교수님의 호명에 아무 말이나 한마디로 대답한다.<br>(소통과 관련한 명언 등) |
| ●짝꿍 소통 | 짝꿍과 소통을 연습한다. 마주 보며, 명확하게!<br>① 먼저 웃으면 진다[1]<br>② 지는 가위바위보[2]<br>③ 폰 스토리텔링[3]<br>④ 끝말잇기[4]<br>⑤ 단어 스토리텔링[5]<br>⑥ 동작 스피치[6] |
| ●통통 인터뷰 | 매주 동료 2명 이상과 3분씩 인터뷰를 해서 내용을 기록한다.<br>이번 학기 목표 30명–수업 동료 25명, 교수와 직원 5명. |
| ●침묵 스피치 | 교실 탁자 앞에 나가 30초간 청중을 바라보고 들어간다. 익숙해진 후에는 인사나 인사말도 해 본다. 자원해서 나오도록 한다. |

1) 얼굴을 마주 서로 바라본다. 먼저 웃으면 진다. 3판.
2) 가위바위보 3판. 지는 사람이 이긴다. 진 사람은 "만세!", 이긴 사람은 박수!
3) 스마트폰의 사진 한 장을 골라 1분간 설명해 주고 궁금한 점을 묻는 질문에 답해 준다. 교대로.
4) "학교" "교실" "실내화"…처럼 끝말잇기
5) A가 단어를 말하고 그 단어를 이용해 한 문장으로 이야기를 한다. B가 단어를 말하고 그 단어를 이용해 한 문장으로 이야기를 한다. 단, 앞 뒤 이야기가 동화처럼 맥을 이뤄야 한다. 다음 단계에서는 A가 먼저 이야기를 한 다음에 단어를 말해 준다. B는 그 단어를 이용해 이야기를 잇고, 다음 단어를 말해 준다.
6) 바디 랭기지로 어떤 이야기를 나눈다. 나중에 표현 내용을 서로 확인해 본다. 3회 이상 메시지가 오가야 한다.

## ■ 어떻게 하면 소통을 더 잘 할 수 있을까? 소통의 문을 여는 열쇠에 대해 알아보자.

### 1. '다름'을 이해하고 받아들여라!

(1) 다른 것은 비난받아야 할 잘못이 아니다. 앞서 살펴본 차이들은 대부분 자신이 선택한 것이 아니라 주어진 것이다. 따라서 우열이 있을 수 없다. 차이를 인정하고 차별해서는 안 된다. 다른 사람이 나와 다름을 존중해야 소통의 문이 열린다.

다음은 어떤 문장의 초성일까?

| ㄷ | ㄹ | ㄱ | ㅇ | ㄷ | ㄹ | ㄱ | ㅇ | ㅈ | ㅌ | ㄹ | ㄱ | ㅇ | ㅇ | ㄴ | ㄷ |
|---|---|---|---|---|---|---|---|---|---|---|---|---|---|---|---|
| | | | | | | | | | | | | | | | |

(2) 사람이 모두 다른 것 같아도 비슷한 점, 같은 점이 있다. 차이점부터 찾기보다는 같은 점부터 맞춰 나가는 것이 소통에 도움이 된다. 남한과 북한이 대화를 위해 예술과 스포츠, 이산가족 문제에 먼저 접근하는 것도 그 때문이다.

### 2. 공감하라!(Pathos)

(1) 공감(Empathy)이란 상대방의 시각으로 세상을 바라보기 위해 잠시나마 나의 시각을 중단하는 것이다. 동의하거나 반대하거나 문제를 해결해 주는 것이 아니라 '그냥' 순수하게 상대방의 시각이나 생각, 감정을 이해하는 것을 말한다. 'Sympathy'가 'Feel With'라면, 'Empathy'는 'Feel into'를 말한다. 공감이란 상대방과 같이 느끼는 것(同感)을 넘어, 상대방에게 들어가 상대방이 되어 함께 느끼는 것(共感)이다.

(2) 내가 이 말을 하면, 내가 이런 행동을 하면 상대방이 어떻게 받아들일지 상대방의 감정을 읽어내는 능력이 공감 능력이다. 이 글을 쓰는 현재, 양부모 학대로 어린 아이가 숨진 일로 나라 전체가 들끓고 있다. 내가 아이를 때리면 아이가 얼마나 아플지를 미처 생각하지 못하기 때문에 이런 끔찍한 일이 생기는 것이다. 상처 주는 말이나 막말을 함부로 하는 것은 공감 능력이 부족하기 때문이다. 멋지게 만든 눈사람을 데이트하던 남자 친구가 주먹으로

날리자, 그 폭력성에 분노한 여자 친구가 절교를 선언했다고 한다. 공감 능력을 회복해야 소통을 잘 할 수 있다.

(3) 공감과 함께 중요한 키워드가 수용, 존중, 칭찬, 인정이다.

① 수용(Acceptance)은 상대방이 어떤 행동을 해도 그를 하나의 인격체로 소중하게 여기면서 받아들이는 것이다.

② 존중(Respect)은 상대방의 마음을 제대로 이해하고 그 마음을 비판 없이 그대로 수용하는 것이다.

③ 칭찬(Doing)은 행동이나 선택에 찬사를 보내는 것이다.

④ 인정(Being)은 그 사람의 가치를 올바르게 평가해 주는 것(인간 존재를 인정해 주는 것)이다. 나아가 상대방의 선택, 감정, 능력을 있는 그대로 받아들임으로써 상대방도 자기 자신을 인정하도록 돕는 것이다.

(4) 아이가 공부를 하고 있는데 엄마 친구들이 놀러와 대화를 하고 있다. "엄마 나 내일 시험인데…." 이 말을 듣고 자리를 비워 준다면 엄마의 공감 능력은 최고 수준이다. "시끄럽다고? 알았어. 조용히 말할게."라고 한다면 보통 수준은 된다. 그러나 "공부하는 아이는 시끄러운 시장에 데려다 놔도 공부를 하는 법이다. 신경 쓰지 말고 집중해서 공부나 해!"라고 한다면 참 나쁜 수준이다. 최악의 수준은 아무 반응이 없는 것이다.

(5) 새 차를 몰고 나간 아내에게서 급하게 전화가 왔다. "여보, 나 어떡해! 나 접촉사고 냈어!" 당신이 남편이라면 어떻게 대답할 것인가? 순간의 선택이 평생을 좌우한다. "어떡해! 새 차인데… 차 많이 망가졌어? 내가 몰고 나가지 말라고 했건만… 고집을 피우더니!" 만약 이런 식으로 답을 한다면 해결되는 것 없이 문제만 새로 생길 뿐이다.

이때 필요한 건, 사고를 낸 아내의 시각으로 세상을 바라보는 것이다. 사고의 충격, 남편에게 미안함 등 아내가 느낄 감정을 읽어 내는 것이 바로 공감 능력이다. "당신은 어때? 괜찮아? 병원 안 가도 돼? 당신만 괜찮으면 돼! 아무 걱정 하지마! 이럴 때를 위해 보험 들은 거야! 일단 보험회사에 연락하자!"

(6) 감성을 통해 감정과 감정이 만날 때 비로소 공감의 창이 열린다. 이때 소통이 시작될 수 있다. 다음과 같은 말투는 상대방의 마음을 닫아버리게 하므로 조심해야 한다. 내가 자주 사용하는 것 3개만 찾아보자.

| 종류 | 내용 | 해당 여부 |
|---|---|---|
| 명령, 지시 | "이렇게 해라." "저렇게 해라." | |
| 제안, 충고 | "나라면 이렇게 하겠다." "왜 이렇게 안 하는 거야?" | |
| 비합리적 칭찬, 동의 | "당신은 정말 대단하다!" "그건 당신 상대가 잘못한 덕분이지." | |
| 동정, 격려 | "걱정할 필요 없어." "힘을 내야 해." | |
| 협박, 주의 | "이렇게 해야 한다." 만약 안 그러면…." | |
| 강의, 논리 | "이런 점이 좋지 않다." "나는 이렇게 생각한다." | |
| 경멸, 모욕 | "그것도 못해?" "건방지다." | |
| 심문, 질문 | "왜 그랬어?" "어쩔 생각이야?" | |
| 설교, 훈계 | "이렇게 해야 한다." "이건 네 책임이야." | |
| 비난, 비판 | "당신은 아무 것도 몰라." "당신이 잘못 생각하고 있어." | |
| 분석, 해석 | "당신은 이런 점이 문제야." "원래 그럴 생각이 아니었어." | |
| 상황 모면, 농담 | "그건 다 잊어버려." "뭐 상관없잖아?" | |

(7) 다음의 성경 구절은 공감을 가장 잘 설명해 주고 있다. 공감이야말로 소통을 열어 주는 가장 큰 열쇠다.

**"즐거워하는 자들과 함께 즐거워하고, 우는 자들과 함께 울라."**(로마서 12:15)

## 3. 역지사지(易地思之)하라!

(1) 〈바다학교〉(함민복 시)

숭어는 복사꽃 필 때
밴댕이는 보리 벨 때
농어는 여름에
전어는 가을에
낙지는 산에 단풍 들 때가 제일 맛있지
꿀꺽
어부에게 뱃놀이꾼들이 수업을 듣고 있다

복사꽃 필 땐 숭어
보리나락 떠내려 올 땐 밴댕이
여름에 농어
가을엔 전어
산 단풍 그림자 비칠 땐 낙지
몸조심해야 된다
알았지?
네엣!

(2) 안개 속에서 미국 전함 한 척이 다른 배에서 비추는 불빛을 보게 되었다. "나는 스미스 함장이다. 앞의 배는 방향을 돌려라. 우리는 임무 수행 중이다." 함장이 소리치자 응답이 들려 왔다. "저는 존스 이등병입니다. 그 배를 돌리십시오." "이등병 주제에 내게 명령을 해?" 기분이 상한 함장은 더 크게 외쳤다. "나는 스미스 미 해군 대장이다. 어서 배를 돌려라!" 응답은 동일했다. "저는 존스 이등병입니다. 배를 돌리십시오." 화가 난 함장이 다시 소리쳤다. "스미스 해군 대장이라고 말했다! 당장 배를 돌려라. 이건 전함이란 말이다!" 안개 속에서 응답이 들려 왔다. "저는 존스 이등병입니다. 배를 돌리십시오. 여긴 등대입니다."

(3) 다음은 1997년 인도네시아 메단공항 착륙 시도하다가 바다에 추락하여 243명 전원이 사망한 A300 항공기 교신 내용이다.

- 관제탑: GIA152. 오른쪽으로 벙향을 틀어라.
- 조종사: 알았다. 오른쪽으로 가겠다.
- 관제탑: 오른쪽이라니깐.
- 조종사: 알았다.
- 관제탑: 지금 왼쪽으로 방향을 틀고 있지 않은가.
- 조종사: 오른쪽으로 가고 있다.
- 관제탑: OK. 그대로 왼쪽으로 가라.
- 조종사: (잠시 머뭇거리며) 왼쪽이라고? 지금 우리는 오른쪽으로 가고 있다.
- 관제탑: OK. (잠시 머뭇거린 뒤) OK. GIA 152 그대로 오른쪽으로 가라.
- 조종사: 아아악….

(4) 〈집으로〉라는 영화에서 외할머니는 말도 못 하고 글도 못 읽는다. 그런 할머니를 시골에 두고 떠나기 전 날, 상우(유승호)는 몇 개의 메시지를 엽서로 만들어 준다. 아플 때는 그림을 보고 어떤 엽서를 보내라는 등 상대방의 입장, 처지에서 세상을 바라보라는 게 바로 역지사지다.

(5) 나에게 '오른쪽'은 상대방에게는 '왼쪽'이다. 다음 표의 '나 중심 언어'를 '너 중심 언어'로 바꾸어 보자.

| 나 중심 언어 | 너 중심 언어 |
|---|---|
| 세금 징수 | |
| 특별 보급가격 | |
| 표 파는 곳 | |
| 터미널 오시는 길 | |
| 버스 정류장 | |
| 무엇을 드릴까요? | |
| 현금 지급기 | |
| 안전선 밖으로 한 걸음 물러나 주시기 바랍니다. | |
| 강의실 | |

(6) 다음 그림을 보고 느낀 점을 이야기해 보자.

(7) 외국인을 위한 배려

(8) 다음 앰뷸런스 앞의 글자는 왜 반전되어 있을까?

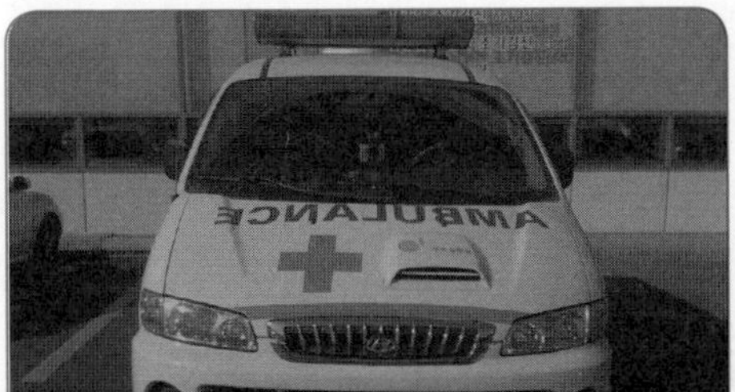

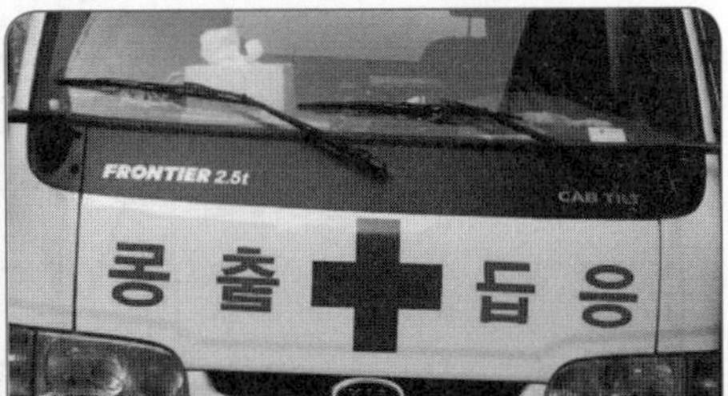

(9) 마스크를 요일제로 판매할 때 어느 약사가 그려 붙인 안내문.

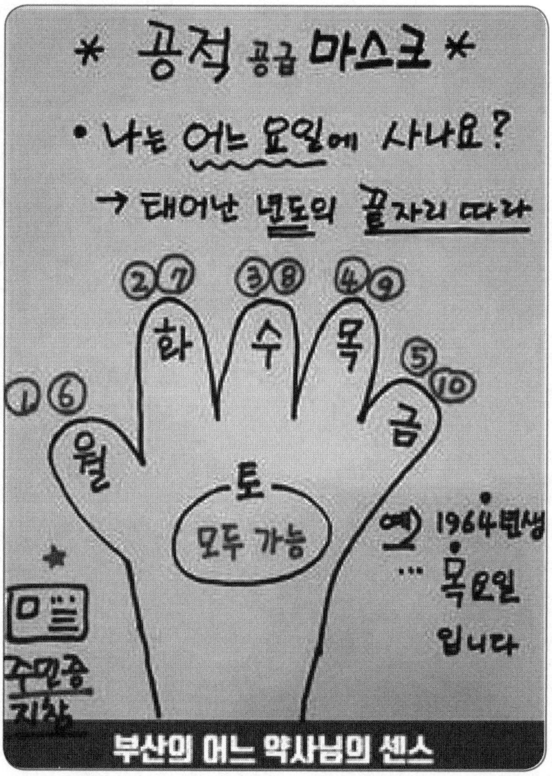


(10) 나의 눈높이를 상대방의 눈높이에 맞추는 것도 역지사지다. 상대방이 알아듣기 쉽게 표현하는 것이 눈높이를 맞추는 것이다. 요즘에는 텔레비전 방송에 자막이나 수어가 나오고 있다. 시각장애인이나 청각장애인들이 소통하기 쉽게 많은 공공 서비스가 개선되고 있는데, 이는 매우 좋은 현상이다.

(11) 옛날 라디오나 텔레비전은 다이얼식으로 되어 있었다. 다이얼을 돌리면서 방송국 주파수(채널)에 맞춰야 그 방송이 잡혔다. 역자사지는 내 다이얼을 상대방 주파수에 맞추는 것이다. 다음 알림표를 바로 잡아 보자.

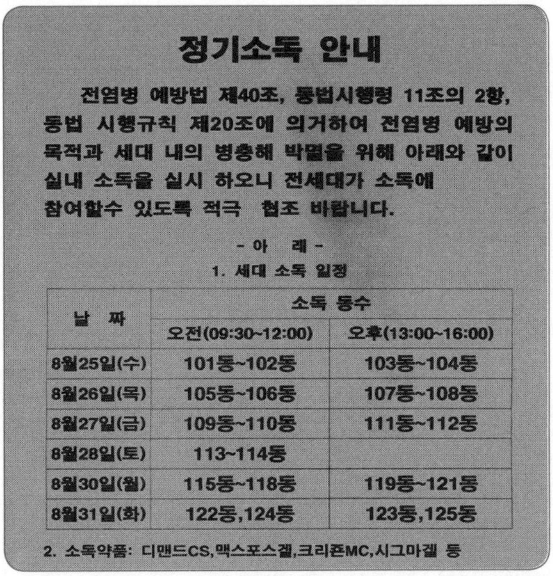

정기소독 안내

전염병 예방법 제40조, 동법시행령 11조의 2항, 동법 시행규칙 제20조에 의거하여 전염병 예방의 목적과 세대 내의 병충해 박멸을 위해 아래와 같이 실내 소독을 실시 하오니 전세대가 소독에 참여할수 있도록 적극 협조 바랍니다.

- 아 래 -

1. 세대 소독 일정

| 날 짜 | 소독 동수 | |
|---|---|---|
| | 오전(09:30~12:00) | 오후(13:00~16:00) |
| 8월25일(수) | 101동~102동 | 103동~104동 |
| 8월26일(목) | 105동~106동 | 107동~108동 |
| 8월27일(금) | 109동~110동 | 111동~112동 |
| 8월28일(土) | 113~114동 | |
| 8월30일(월) | 115동~118동 | 119동~121동 |
| 8월31일(화) | 122동,124동 | 123동,125동 |

2. 소독약품: 디맨드CS,맥스포스겔,크리죤MC,시그마겔 등

## 4. 나를 자신있게 공개하라!

(1) 이종 동물 간에도 좋은 관계를 유지하는 경우가 있다. 개와 호랑이도 때론 장난을 치며 친밀하게 지낸다. 얼마나 친밀한 상태인지는 신체적으로 취약한 부분을 상대방에게 얼마나 노출시키느냐로 확인할 수 있다. 사람도 자기 노출을 많이 하는 사이가 소통이 잘 되는 사이다.

(2) 어느 노부부가 다정하게 앉아 빵을 먹고 있었다. 늘 그랬듯이 빵의 중간 부분은 남편이, 가장자리는 아내의 몫으로 나누었다. 망설이던 아내가 남편에게 말했다. "여보, 나는 사실 빵 중간 부분이 먹고 싶어요." 그러자 남편은 깜짝 놀라며 말했다. "사실은 난 가장자리를 먹고 싶었는데 당신이 좋아하는 줄 알고 이제까지 양보했다오."

(3) 중년 이상이라면 "갑돌이와 갑순이는 한 마을에 살았더래요…."라는 노래를 모르는 이가 없을 것이다.

1. 갑돌이와 갑순이는 한 마을에 살았더래요
   둘이는 서로서로 사랑을 했더래요
   그러나 둘이는 마음뿐이래요
   겉으로는 음음음 모르는 척했더래요
2. 그러다가 갑순이는 시집을 갔더래요
   시집간 날 첫날밤에 한없이 울었더래요
   갑순이 마음은 갑돌이뿐이래요
   겉으로는 음음음 안 그런 척했더래요
3. 갑돌이도 화가 나서 장가를 갔더래요
   장가간 날 첫날밤에 달 보고 울었더래요
   갑돌이 마음은 갑순이뿐이래요
   겉으로는 음음음 고까짓 것 했더래요

서로 좋아하는데 표현을 하지 못해 서로 냉가슴만 앓다가 사랑을 이루지 못했다는 내용이다. 우리는 내 속마음을 상대방에게 털어놓는 걸 퍽 부담스러워하는 경향이 있다. "미안해요. 저는 닭고기를 못 먹어요." 이런 말을 하지 못하고 주는 대로 먹는 수가 많다. 말을 하는 것보다 안 하는 것을 미덕으로 여기다 보니 하고 싶은 말을 참게 되어 소위 '화병'이란 게 생겨났다.

(4) 사자와 소가 서로 사랑을 하게 되었다. 소는 풀을 너무 좋아해 사랑하는 사자에게 매일 풀로 진수성찬을 차려 주었다. 사자는 풀을 먹을 수 없었지만, 소가 싫어할까 봐 아무 말도 하지 않고 살았다. 사자는 매일매일 야위어 갔다. 어느 날 사자가 소를 데리고 외식을 하러 나갔다. 소를 너무도 사랑한 사자는 좋아하는 고기로 푸짐하게 대접을 했다. 소는 매일매일 야위어 갔다. 그러던 어느 날 둘은 드디어 깨달았다. 함께 살 수 없음을. 둘은 헤어지기로 했다. 마지막 날 서로 헤어지기 전 마지막 대화를 하면서, 둘은 처음으로 상대에 대해

알게 되었다. 사자는 풀을 싫어하고, 소는 고기를 싫어한다는 사실을. 둘은 사랑한다면 무조건 참아야 하는 줄 알았는데, 정말 사랑을 한다면 서로 대화를 통해 말을 해야 한다는 걸 알았다. 그 후 사자는 소에게 풀을 마음껏 대접했고, 소는 사자에게 고기를 정성껏 대접했다. 소와 사자는 아주 행복하게 오래오래 같이 살았다.[7]

(5) 서로 사랑하는 남녀가 있었다. 그러던 어느 날 남자가 군대에 가게 되었고, 급기야 월남전에 참가하게 되었다. 여자는 사랑하는 남자를 위험한 월남전에 보내 놓고 무사하게 돌아오기만을 기다리고 기다렸다. 남자는 조금만 참으면 사랑하는 여자가 있는 고국에 돌아가리라는 일념으로 위험한 고비를 넘기고 있었다. 그러다 어느 날 남자는 부상을 당하게 되었고 폭탄의 파편으로 양팔을 절단해야만 했다. 남자는 "이런 모습으로 그녀를 힘들게 하느니, 차라리 이 세상에 없는 사람이 되자."고 맘을 먹고, 고국에 있는 여자에게 전사했다는 편지를 보내고야 말았다.
양팔을 절단한 모습으로 남자는 그토록 그리워했던 고국에 돌아왔고, 행여나 여자의 눈에 띌까 봐 숨어 살았다. 얼마 후 그녀가 결혼했다는 소식을 들었다. 맘이 아팠지만 그래도 그녀가 행복해진다는 것에 기뻐했다. 몇 년 후, 남자는 사랑하는 그녀가 너무 그리워 멀리서나마 그녀의 모습을 보기 위해 그녀 집으로 찾아갔다. 그녀의 집 담 너머에서 안을 들여다보니… 그가 그토록 사랑하던 그녀는… (                                        ).

(6) 소통은 사람과 사람 사이의 문제를 해결해 주는 효과적인 수단이다. 자기 생각을 표현하지 않고 침묵하면 문제는 저절로 해결되지 않는다.

① 자신에 대해 말을 한다는 건 자신을 믿고 책임을 진다는 뜻이다. 자신을 믿고 책임질 수 있다면 자신에 대해 이야기하지 못할 이유가 없다. 주변 사람들에게 자신의 '비밀 같지 않은 비밀'을 하나씩 공개해 볼 필요가 있다. 그렇다고 해서 내가 공개한 비밀에 다른 사람이 큰 관심을 갖는 것도 아니다.

② "열 길 물속은 알아도 한 길 사람 속은 모른다."라는 말이 있다. 러시아의 마트로시카 인형 안에는 작은 인형이 들어 있고, 그 안에 더 작은 인형들로 채워 있다. 사람도 그런 것 같다. 자신에 대한 깊은 이야기를 꺼내 줄수록 상대방은 신뢰와 친밀함을 더욱 느끼게 될 것이다. 그럼으로써 상대방도 자신을 노출하게 된다. 일방적인 노출이 아니라 상호 노출을 통해 대화가 깊어지면 상대방이 어떤 주제에 관심이 있는지 파악하게 돼 대화

---

7) 이솝 우화 중에서

의 내용이 더 발전하게 된다. 또 서로를 있는 그대로 공개하다 보면, 거기서 자신을 발견하게 되기도 한다.

③ 양손으로 깍지를 끼려면 손가락 사이를 벌려야 한다. 나를 공개해야 상대방도 자신을 공개하고 소통을 시작할 수 있다. 동굴 안에 숨어서 다른 사람들만 구경하고 감시하는 사람을 좋아할 사람은 없다. 자신감을 갖고 나의 생각, 나의 태도를 솔직하게 표현하는 것이 서로에게 유익하다.

## 5. 신뢰하자!(Ethos)

(1) 폭풍우가 몰아치는 어느 날 밤, 한 부부가 자동차로 빗속을 달리고 있었다. 비바람이 너무 심해 앞이 잘 보이지 않았다. 일기예보를 듣기 위해 라디오를 켰다. 긴급 방송이 흘러나왔다. "시민 여러분, 조심하십시오. 이번 폭풍우로 교도소 담이 무너져 일부 죄수들이 탈옥을 했습니다. 낯선 사람이 집에 문을 두드려도 열어주지 마십시오. 거리에서 차를 세워도 태우지 마십시오.…" 긴장한 부부는 차 문을 잠그고 빗속을 조심스레 나아갔다. 바로 그때, 저 멀리 앞에서 어떤 사람이 차를 세우는 모습이 시야에 들어왔다. 부부는 방송 내용을 상기하며 그 사람을 무시하고 지나갔다. 그런데 그 사람이 뒤에서 차를 향해 뛰어오면서 뭔가를 외치는 모습이 룸미러로 보였다. 창문을 살짝 내리며 그 소리에 귀를 기울였다. "가지 마세요! 저 앞 다리가 물이 불어나는 바람에 끊어졌어요! 제발…."

(2) 어느 주막에 서로 알지 못하는 두 사람이 한 방에서 묵게 되었다. 두 사람은 도무지 잠을 이룰 수가 없었다. 봇짐 때문이었다. "내가 잠든 사이에 저 사람이 내 봇짐을 가지고 도망이라도 가면 어쩌지?" 이런 걱정으로 각자 봇짐을 끌어안고 긴 밤을 지새야 했다.

(3) 밤길에 짐승을 만나는 것보다 사람을 만나는 게 더 무섭다고 한다. 세상에서 가장 믿을 수 없는 게 '낯선 사람'이다. 코로나 이후 우리는 모든 사람을 경계하며 살아가고 있다. 마스크를 잠시 내리고 있다가도 누군가 다가오면 마스크를 올리는 게 일상이 되었다. "항상 의심하라. 쉬지 말고 의심하라. 범사에 의심하라."라는 성경말씀 패러디가 나올 만하다.

(4) KBS와 '시사인'이 조사한 '코로나19 이후 신뢰도 변화'는 우리에게 많은 것을 이야기해 준다. 이 조사에서 신뢰도 1위는 단연코 질병관리본부, 2위는 의료인/의료기관, 그리고 가족, 대한민국, 친척, 청와대, 정부, 한국 국민, 이웃 사람, 지방정부의 순으로 신뢰가 있다고 봤다. 그러나 신뢰가 없는 대상은 OO당, 종교기관, 언론, 낯선 사람, 국회, OO당 순으로 나타났다.

(5) 한국의 레가툼 번영지수

① 영국의 싱크탱크 레가툼연구소가 매년 '세계 번영지수'를 발표한다. 번영지수는 세계 167개국을 대상으로 안전, 개인의 자유, 거버넌스, 투자환경, 기업여건, 시장 접근도와 기간시설, 경제의 질, 생활환경, 보건, 교육, 자연환경, 사회자본 등 12개 항목을 평가해 그 나라의 번영 정도를 측정하는 것이다. 흔히 '살기 좋은 국가' 지표로 인용된다.

② '2019 레가툼 번영지수'에 따르면, 한국은 세계적으로 잘 사는 나라에 속하지만 심각한 불신사회인 것으로 나타났다. 종합 순위는 29위로 상위권이었으나, 사회자본 항목은 142위로 바닥권이었다. 한국은 교육(2위)과 보건(4위) 분야에선 최상위를 기록했다. 경제의 질(10위), 시장 접근도와 기간시설(20위), 투자환경(21위), 생활환경(25위), 기업여건(33위), 안전(35위) 등도 양호했다. 개인의 자유(46위)는 지난 10년간 가장 크게 개선됐다. 그러나 자연환경은 91위에 그쳤고, 특히 사회자본은 142위로 최하위권이었다.

③ '사회자본(social capital)'은 개인과 개인의 신뢰, 국가 제도에 대한 사회구성원들의 신뢰, 사회규범, 시민참여 등 그 사회의 생산성에 영향을 미치는 무형의 자산이다. 이 부문에서 142위는 충격이다. 대한민국이 심각한 불신사회임을 보여 준다.

④ 우리나라는 11월 초 발표된 'OECD 주요국 정부신뢰도 순위'에서도 34개국 가운데 22위를 차지했다. 통계청이 발표한 '2019 사회조사'에서도, 우리사회를 "믿을 수 없다"고 응답한 사람이 49.1%에 달했다. 연령별로는 20~30대 54.9%가 "믿을 수 없다"고 답해 청년층의 사회적 불신이 심각한 것으로 나타났다. 30~39세에서도 절반 이상(51.5%)이 신뢰하지 않는다고 답했다.

⑤ 개인과 사회에 대한 불신은 국민 행복을 저해한다. 때로 개인 간의 불신은 폭력으로, 국

가에 대한 불신은 집단 시위로 나타난다. 레가튬 연구소는 "제도에 대한 신뢰, 개인 사이 신뢰는 세계 각국이 진정한 번영을 구축하기 위한 핵심 요소"라고 밝혔다. 신뢰 기반이 없는 나라는 사회적 비용 증가로 선진국 문턱에서 좌절하게 된다. 공정한 사회를 만들어야 신뢰 사회로 나아갈 수 있고, 국민행복지수도 높아진다.[8)]

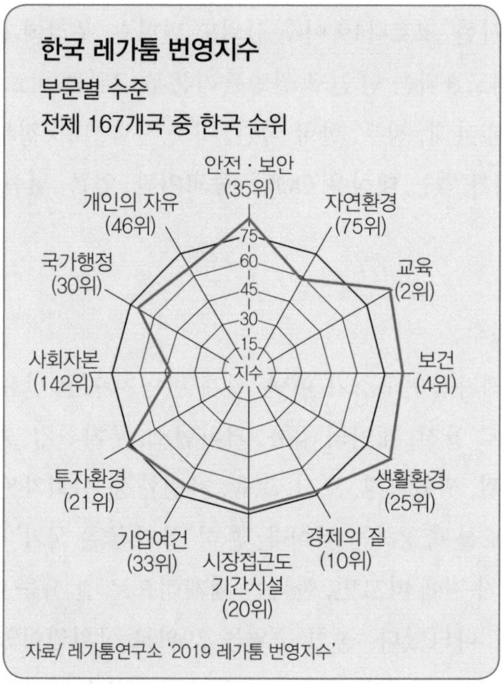


출처: 연합뉴스. 2019. 11. 25.

(6) '거짓말 범죄'가 갈수록 늘고 있다. 지난해 사기 무고 위증 등 3대 거짓말 범죄는 47만 6,806건으로 역대 최대였다. 1년 전에 비해 12.9% 늘었고, 2013년(30만 792건) 대비 60% 가까이 급증한 것이다. 경제가 발전하고 소득이 높아지는데도 거짓말 범죄가 날이 갈수록 기승을 부린다는 것은 보통 심각한 일이 아니다. 전문가들은 불신이 일상화된 시대상을 반영하는 것이라고 분석한다. 거짓말에 대한 사회적 처벌이 약한 것은 물론 거짓말 정도는 별 문제가 되지 않는 사회 분위기가 이런 결과를 낳고 있다는 것이다. 더욱 심각한 것은 집권층이나 사회지도층에서 이런 류의 잘못된 신호를 보내는 일이 잦아지고 있다는 점이다.[9)]

8) 경기일보. 2019. 12. 8. 지지대
9) 한국경제. 2020. 10. 18.

(7) 장 크레디앙의 연설

① 캐나다 20대 총리, 29세에 하원의원 당선, 장관 10회 역임, 연간 1100억 캐나다 달러의 무역 흑자를 이룬 전설적인 인물. 선천적으로 한 쪽 귀가 들리지 않고, 안면 근육 마비로 입이 비뚤어져 발음이 어눌했다. 1993년 총리가 된 이래 3회나 총리를 역임했다.

② 그의 선거 연설이 유명하다. "여러분, 저는 언어 장애를 가지고 있습니다. 그 때문에 오랜 시간 고통스러웠습니다. 어쩌면 지금은 제 언어장애 때문에 제 생각과 의지를 전부 전하지 못할까 봐 고통스럽습니다. 인내심을 가지고 제 말에 귀를 기울여 주십시오. 제 어눌한 발음이 아니라, 그 속에 담긴 제 생각과 의지를 들어 주셨으면 합니다."

③ 그때 반대파에서 누군가 소리쳤다. "여보시오. 온 나라를 대표하는 총리에게 언어장애가 있다는 것은 치명적인 결점입니다. 사퇴하시오."

④ 그러자 장 크레디앙은 어눌하지만 단호한 어조로 말했다. "저는 말은 잘 못하지만 거짓말은 하지 않습니다." 이 한마디가 캐나다 국민의 마음을 세 차례나 움직였다. "저는 거짓말은 하지 않습니다."

(8) 우리가 의자에 앉을 때 가장 먼저 필요한 것은 의자에 대한 '믿음'이다. 의자의 네 다리에 문제가 없다고 믿기에 우리 몸을 맡기는 것이다. 사람은 믿을 수 있다고 생각될 때 소통을 시작한다. 소통이 깊어지면 믿음도 함께 깊어진다. 신뢰는 소통의 원인이자, 소통의 결과이다. 소통이 잘 되는 사회는 신뢰 사회이지만, 신뢰가 안 되는 사회는 소통도 되지 않는다.

(9) 신뢰(Trust)란 무엇인가? 'Trust'의 어원은 독일어 'Trost(트로스터; 편안하다)'에서 유래됐다. 상대방에게 편안함을 주는 것이 신뢰다. 신뢰는 함께 있으면 마음이 편해지는 상황이다. 서로 생각과 감정을 나눌 수 있는 상황이다. 그래서 다음 행동이 예측되는 상황이다. 그러면 불신은 무엇인가? 함께 있으면 마음이 불안해지는 상황이다. 생각과 감정을 더 이상 나누기 어려운 상황이다. 그래서 다음 행동이 예측이 안 되는 상황이다. 소통을 잘 하려면 다른 사람을 믿어야 하며, 다른 사람이 나를 믿을 수 있게 해야 한다.

(10) 다른 사람이 나를 신뢰할 때 소통의 문이 열린다. 내가 자주 소통하는 이들로부터 더 신뢰를 얻기 위해 내가 당장 실천해야 할 일은 무엇인가?

## 6. 소통 기술을 체득하라!

(1) 사람은 고등지능, 직립 보행, 손 사용과 도구 제작, 그리고 소통과 협력이라는 힘을 가지고 있다. 소통은 우리 삶을 풍요롭게 해 주는 소중한 수단이라고 할 수 있다.

(2) 그러나 우리나라 교육 과정은 소통을 충분히, 제대로 배우지 못하고 있다. 그래서 삶에서 많은 갈등을 겪으면서도 그걸 해결하지 못한다. 본 과정을 통해 소통 방법을 잘 익힌다면 가정생활, 직장생활, 사회생활을 동굴이 아닌 광장에서 풍요롭게 영위해 나갈 수 있을 것이다.

★소통의 열쇠

1. '다름'을 이해하고 받아들여라!
2. 공감하라!
3. 역지사지하라!
4. 나를 자신있게 공개하라!
5. 신뢰하라!
6. 소통 기술을 체득하라!

나의 소통 One Change!

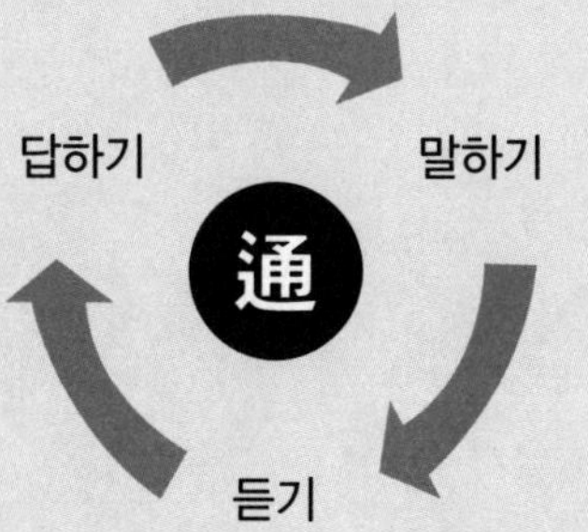
답하기
말하기
通
듣기

제 3 부

# 소통과 표현

# Let's 通!

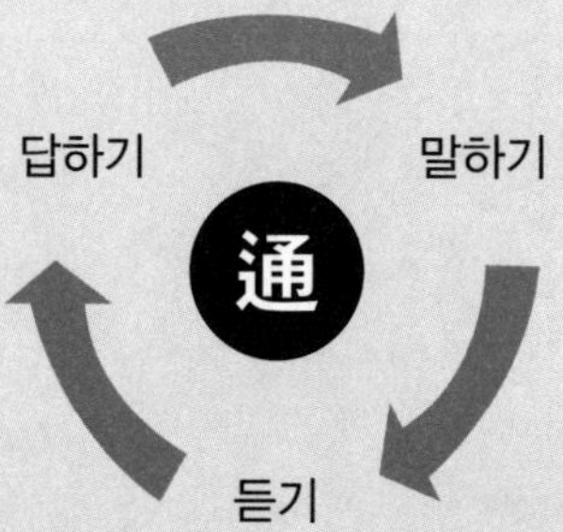
답하기
말하기
通
듣기

# 말-듣-답 개론

10

## •수업 열기•
## "동굴에서 광장으로!"

| | |
|---|---|
| **●입장** | 큰 소리로 인사하며 |
| **●짝꿍 옆에 앉는다.** | 잘 알지 못하는 동료가 좋은 짝꿍이다. |
| **●구호** | "Let's 통!" "반미고잘!" |
| **●존재 확인(출석 체크)** | 교수님의 호명에 아무 말이나 한마디로 대답한다.<br>(소통과 관련한 명언 등) |
| **●짝꿍 소통** | 짝꿍과 소통을 연습한다. 마주 보며, 명확하게!<br>① 먼저 웃으면 진다[1)]<br>② 지는 가위바위보[2)]<br>③ 폰 스토리텔링[3)]<br>④ 끝말잇기[4)]<br>⑤ 단어 스토리텔링[5)]<br>⑥ 동작 스피치[6)] |
| **●통통 인터뷰** | 매주 동료 2명 이상과 3분씩 인터뷰를 해서 내용을 기록한다.<br>이번 학기 목표 30명-수업 동료 25명, 교수와 직원 5명. |
| **●침묵 스피치** | 교실 탁자 앞에 나가 30초간 청중을 바라보고 들어간다. 익숙해진 후에는 인사나 인사말도 해 본다. 자원해서 나오도록 한다. |

1) 얼굴을 마주 서로 바라본다. 먼저 웃으면 진다. 3판.
2) 가위바위보 3판. 지는 사람이 이긴다. 진 사람은 "만세!", 이긴 사람은 박수!
3) 스마트폰의 사진 한 장을 골라 1분간 설명해 주고 궁금한 점을 묻는 질문에 답해 준다. 교대로.
4) "학교" "교실" "실내화"…처럼 끝말잇기
5) A가 단어를 말하고 그 단어를 이용해 한 문장으로 이야기를 한다. B가 단어를 말하고 그 단어를 이용해 한 문장으로 이야기를 한다. 단, 앞 뒤 이야기가 동화처럼 맥을 이뤄야 한다. 다음 단계에서는 A가 먼저 이야기를 한 다음에 단어를 말해 준다. B는 그 단어를 이용해 이야기를 잇고, 다음 단어를 말해 준다.
6) 바디 랭기지로 여떤 이야기를 나눈다. 나중에 표현 내용을 서로 확인해 본다. 3회 이상 메시지가 오가야 한다.

## 1. 표현과 이해

(1) 소통은 표현하기와 이해하기로 이루어진다. 그러나 이는 '보울링형' 소통법이다. '탁구형' 소통법에는 '이해하기'에 '답하기(반응하기)'라는 새로운 '말하기'가 따라야 한다. 2박자가 아니라 3박자 왈츠인 셈이다.

(2) 표현하는 방법에는 말하기(입말)와 글쓰기(글말)가 있다. 그러나 소통 도구의 발전으로 요즘에는 입말과 글말을 혼합한 영상 말(?)로 다양해지고 있다. 표현은 주로 입이 담당하지만 시선, 표정 몸짓, 신호 등도 그 역할을 나누어 한다. 입말을 구사하지 못하는 청각장애인은 글말이나 수어를 활용한다. 입말과 글말은 인류가 가장 오래 이용해 온 표현법이다.

(3) 이해하는 방법에는 듣기와 읽기(보기)가 있다. 주로 눈이 창구가 된다. 시각장애인은 점자라는 피부 접촉 방법을 이용한다.

(4) 넓은 의미에서 '말하기'는 '표현하기'로 쓰이고 '듣기'는 '이해하기'로 쓰인다.

(5) 자기의 생각이나 감정을 상대방에게 정확히 표현하기란 대단히 어려운 일이다. 훈련이 잘 안 된 사람은 가장 적합한 방법을 찾는 데 한계가 있다. 여기서 소통의 오류가 생긴다. 표현한 후 "난 그런 뜻으로 말한 게 아니었어."라고 하지만, 상대방은 이미 그런 뜻으로 이해를 해버린 뒤다. 따라서 표현하는 사람은 자신의 의도를 가장 정확히 표현하는 방법을 익혀 두고 '표현'에 주의해야 한다.

(6) 이해하는 입장에서도 마찬가지다. 상대방의 선택해서 사용한 표현 자체만 붙잡고 해석하려 하지 말고, 그 '의도'가 무엇인지 파악해야 한다. 표현을 제대로 못하는 어린아이가 무엇인가를 말할 때 엄마가 그 의도를 알아내는 것이 '이해하기'다. 이해를 잘 한다는 것은 사전에 나와 있는 단어의 뜻을 잘 해석하는 것이 아니라, 그 말을 하는 상대방의 심리상태, 당시의 상황이나 맥락을 함께 읽어내는 능력이다. 표현은 포장에 불과하다. 포장지 안에 감춰진 내용물을 찾아내는 능력이 필요하다. 그래서 표현은 표현력(力)이고, 이해는 이해력(力)이다.

## 2. 공놀이와 소통

1) 소통은 두 사람이 공을 주고받는 것으로 설명할 수 있다. A가 B에게 공을 던지는 게 표현(말하기, 글쓰기)이다. A가 던진 공을 받는 게 이해(듣기, 읽기)다. 공놀이의 성공(효과)은 A의 공이 B에게 잘 전달되는 것이다.

(1) B에게 공을 잘 전달하기 하기 위해 A가 기울여야 할 노력은 어떤 것들이 있을까?

(2) 공을 잘 받기 위해 B가 기울여야 할 노력에는 어떤 것들이 있을까?

## 3. 나의 '말-듣-답' 진단

다음 체크리스트로 나의 '말하기-듣기-답하기'를 진단해 보자.

### 1) 말하기

| 항목 | 진단[7] (○, △, X) |
|---|---|
| ① 명확하게 말하는가? | |
| ② 참말을 하는가? | |
| ③ 친절하게 말하는가? | |
| ④ 공감하는 말을 하는가? | |
| ⑤ 배려하는 말을 하는가? | |
| ⑥ 살리는 말을 하는가? | |
| ⑦ 재미있게 말하는가? | |
| ⑧ 어법에 맞게 말하는가? | |
| ⑨ 온몸으로 말하는가? | |
| ⑩ 침묵할 때와 말할 때를 구분하는가? | |
| ⑪ 당사자에게 직접 말하는가? | |
| ⑫ 남의 말을 좋게 전하는가? | |
| ⑬ 상황에 맞게 말하는가? | |
| ⑭ 뒤에서도 좋게 말하는가? | |
| ⑮ 남의 이야기를 전하는가? | |
| ⑯ 상대방과 50:50으로 말하는가? | |
| 합계[8] | |

7) ○=1, △=0, X=−1
8) 합계가 마이너스 점수라면 심각한 수준이다.

## 2) 듣기

| 항목 | 진단<br>(○, △, X) |
| --- | --- |
| ① 상대방을 중요한 사람으로 인식하고 대하는가? | |
| ② 상대방이 말할 때 귀를 기울이는가? | |
| ③ 상대방에게 시선을 집중하는가? | |
| ④ 오직 상대방 한 사람에게 집중하는가? | |
| ⑤ 상대방의 마음도 헤아려 듣는가? | |
| 합계 | |

## 3) 답하기

| 항목 | 진단<br>(○, △, X) |
| --- | --- |
| ① 상대방의 말에 긍정적인 반응을 해 주는가? | |
| ② 상대방의 말에 적극적으로 피드백을 해 주는가? | |
| ③ 상대방의 말에 질문을 해 주는가? | |
| 합계 | |

나의 소통 One Change!

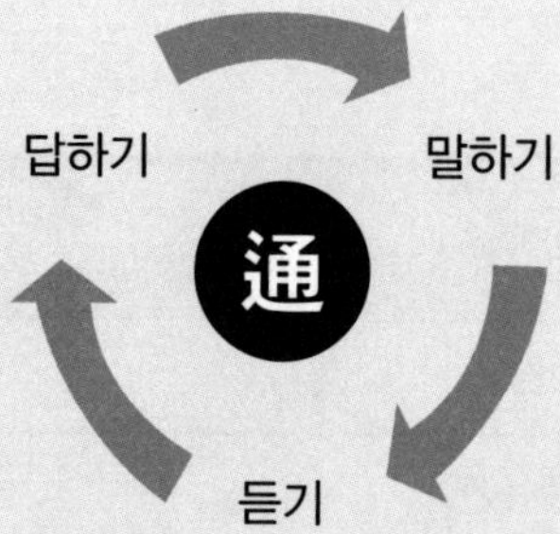

답하기
말하기
通
듣기

11

# 목적에 맞게 표현하기

## ●수업 열기●
## "동굴에서 광장으로!"

| | |
|---|---|
| ●입장 | 큰 소리로 인사하며 |
| ●짝꿍 옆에 앉는다. | 잘 알지 못하는 동료가 좋은 짝꿍이다. |
| ●구호 | "Let's 통!" "반미고잘!" |
| ●존재 확인(출석 체크) | 교수님의 호명에 아무 말이나 한마디로 대답한다.<br>(소통과 관련한 명언 등) |
| ●짝꿍 소통 | 짝꿍과 소통을 연습한다. 마주 보며, 명확하게!<br>① 먼저 웃으면 진다[1]<br>② 지는 가위바위보[2]<br>③ 폰 스토리텔링[3]<br>④ 끝말잇기[4]<br>⑤ 단어 스토리텔링[5]<br>⑥ 동작 스피치[6] |
| ●통통 인터뷰 | 매주 동료 2명 이상과 3분씩 인터뷰를 해서 내용을 기록한다.<br>이번 학기 목표 30명–수업 동료 25명, 교수와 직원 5명. |
| ●침묵 스피치 | 교실 탁자 앞에 나가 30초간 청중을 바라보고 들어간다. 익숙해진 후에는 인사나 인사말도 해 본다. 자원해서 나오도록 한다. |

1) 얼굴을 마주 서로 바라본다. 먼저 웃으면 진다. 3판.
2) 가위바위보 3판. 지는 사람이 이긴다. 진 사람은 "만세!", 이긴 사람은 박수!
3) 스마트폰의 사진 한 장을 골라 1분간 설명해 주고 궁금한 점을 묻는 질문에 답해 준다. 교대로.
4) "학교" "교실" "실내화"…처럼 끝말잇기
5) A가 단어를 말하고 그 단어를 이용해 한 문장으로 이야기를 한다. B가 단어를 말하고 그 단어를 이용해 한 문장으로 이야기를 한다. 단, 앞 뒤 이야기가 동화처럼 맥을 이뤄야 한다. 다음 단계에서는 A가 먼저 이야기를 한 다음에 단어를 말해 준다. B는 그 단어를 이용해 이야기를 잇고, 다음 단어를 말해 준다.
6) 바디 랭기지로 어떤 이야기를 나눈다. 나중에 표현 내용을 서로 확인해 본다. 3회 이상 메시지가 오가야 한다.

### 3가지 표현 방법

사람이 생각(의미)이나 감정을 표현하는 목적은 다양하다. 그 중 일상생활에서 가장 많이 사용하는 것은 설명하기, 주장하기, 설득하기다. 신문의 지면을 살펴보면 이 세 가지가 골고루 들어 있다.

① **설명하기**: 뉴스 기사가 대표적인 설명 형식이다. 기사는 궁금함 없이 사실대로 정확하게 알려 준다. 상품 사용 설명서, 일기, 약도도 설명 형식에 해당된다. 설명 형식은 우리가 평소 가장 많이 사용한다.

② **주장하기**: 신문의 사설이나 논설은 주장에 해당된다. 어떤 의견을 다른 사람이 받아들이게 하려면 합리적인 근거나 사례가 필요하다. 그것이 없으면 떼쓰기가 된다. 정치인들이 주장을 많이 사용한다. 다른 사람과 다툴 때의 대화가 바로 주장이다. 논리적인 주장은 토론의 기본이 된다.

③ **설득하기**: 신문에는 광고가 있다. 광고는 독자들에게 어떤 상품을 사라고 설득한다. 설득은 상대방이 내가 원하는 행동을 하도록 하는 게 목적이다. 코로나 바이러스 방역을 위한 다양한 캠페인도 설득 형식에 포함된다.

- 담배가 어떤 것인지를 말하는 건 (                    )이다.
- 흡연이 몸에 해롭다는 건 (                    )이다.
- 담배를 피우지 말자는 것은 (                    )이다.

설명보다 주장, 주장보다 설득이 더 어렵다. 그러나 이 세 가지를 제대로 표현해야 성공적인 삶을 살아갈 수 있다.

## 1. 설명하기

### 1) 포토 스토리텔링

(1) 각자 스마트폰에 저장된 사진 1장을 준비한다. A가 짝꿍 B에게 사진에 대해 설명한다. 설명을 다 들은 후 B가 궁금한 점을 A에게 묻는다.

(2) A와 B가 역할을 바꿔 다시 시도한다.

(3) 교수님의 조언을 듣고 다시 처음부터 시도한다.

## 2) 설명하기

(1) 설명은 어떤 사물이나 문제를 알기 쉽게 풀이하거나 해명하여 그것의 실체가 무엇인가를 알게 해 주는 기술 양식이다. 넓게 보면 주장도 일종의 설명이다. 설명에는 비교와 대조, 예시, 분석과 분류, 특수화와 일반화, 질문과 답에 의한 전개 등 다양한 방법이 있다.

(2) 설명에 자주 사용되는 방법으로 서술과 묘사가 있다. 서술은 어떤 사실을 차례를 좇아 말하거나 쓰는 방식이다. 어떤 행동이나 사건이 진행되어 가는 움직임을 시간의 경과에 따라 표현하는 것이니 스토리텔링이 여기에 해당된다고 볼 수 있다. 묘사는 어떤 사물에 대해 그림 그리듯이 생생하게 표현하는 것이다. 즉, 어떤 대상이나 사물, 현상을 언어로 서술하거나 그림을 그려서 표현하는 것이다.

(3) 설명하는 데 자주 사용되는 또 하나의 표현 방법은 비유법이다. 비유법은 표현하고자 하는 대상을 다른 대상으로 빗대어 설명하는 방법이다. 은유법은 원개념과 보조개념을 동일시하는 것이다. '사랑은 눈물의 씨앗' '인생은 나그네'는 보조개념인 '눈물' '나그네'를 통해 '사랑'과 '인생'이라는 어려운 개념을 쉽게 설명하고 있다.
직유법은 '~같이' '~처럼' '~듯이'처럼 원개념과 보조개념을 직접 연결하는 표현 방법이다. '곰처럼 우직한' '나비같이 날아서' '바다같이 넓은'이 직유법이다. 그밖에도 인간이 아닌 것을 인간에 빗대는 의인법, 무생물을 생물처럼 나타내는 활유 등이 있다.

(4) 설명의 목적은 상대방에게 무엇인가를 충분히 이해시키는 데 있다. 설명을 잘 하면 상대방은 "아하! 알겠어!"라는 반응을 보이게 된다. 그러나 설명이 상대방이 궁금증이나 답답함을 느끼게 한다면 그 설명은 잘못된 것이다. 그래서 설명은 명확해야 하고, 단순해야 하고, 쉬워야 한다. 그래야 설명하려는 것을 상대방이 잘 이해하고 오래 기억할 수 있다.

(5) "당신에 대해 말해보시오." 우리는 이러한 질문에 답을 해야 할 경우를 자주 접한다. 세상에서 나를 가장 잘 아는 사람은 자기 자신이다. 그럼에도 우리는 나 자신에 대해 충분히 설명하지 못하는 수가 많다. 말하기는 자기를 소개(설명)하는 것부터 시작해야 한다. 나를 설명하는 방법 2가지를 권한다.

① 첫째, 자신을 묘사하거나 서술해 보라. 내가 살아온 과정, 나에 대한 정보 나열 등이 여기에 속한다.

- 역사적인 나(나의 과거-현재-미래)
- 생물학적인 나(신체적인 특징)
- 사회적인 나(나와 가까운 사람들)

- 심리적인 나(가치관, 성격, 생각, 감정)
- 내 인생의 3대 사건(도전 역사)
- 나의 강점 3가지
- 내가 사랑하는 사람들
- 나의 꿈과 비전
- 내가 존경하는 사람들
- 다른 사람들이 말하는 나
- 나의 구사일생 순간들
- 나의 실패 역사

② 둘째, 자신을 은유법을 이용해서 설명해 보라. "나는 네 잎 클로버입니다."처럼 자신을 대신할 수 있는 개념이나 사물 등으로 나를 설명해 보라.

- 세 잎 클로버
- 삼각형
- 삼원색
- 동물
- 3(숫자)
- 동물
- 의자

**3) "당신은 누구입니까?" 나를 설명해 보자.**

| |
|---|
| |

## 2. 주장하기

### 1) 짝꿍 토론

짝꿍과 다음 주제에 대해 토론해 보자.

| 공부는 혼자 하는 게 좋다. | 공부는 여럿이 하는 게 좋다. |
|---|---|
| | |

### 2) 주장하기

(1) 주장은 "(          )은 (          )이 아니라 (          )이다. 왜냐하면…."의 형식이다. 부부: 싸움이나 교통사고 때 운전자들 간의 다툼, 법정에서 변호사와 검사 간의 토론이 바로 주장하기다.

(2) 주장을 잘 하면 상대방은 "아하! 듣고 보니 그렇군!"이라며 내 생각에 납득하고 동의나 동감을 표현하게 된다. 그러나 주장을 잘못 하면 상대방은 반론을 제기하며, 그 의견을 받아들이려 하지 않는다. 동의(공감)냐, 반론이냐가 문제다. 그래서 주장을 하려면 상대방이 반박하지 못하도록 확실한 근거를 제시해야 한다. 모두가 보편적으로 그렇게 생각하는 명제에는 따로 주장이 필요 없다. 모두가 그렇게 생각하지 않을 수도 있는 명제에는 명확한 근거와 사례가 필요하다.

(3) 주장을 할 때에는 먼저 상대방이 내놓을 반론을 스스로 만들어 보고, 그것을 반박할 논리를 만들어 봐야 한다. 확실한 근거나 사례를 제시하지 못하면서 목소리만 높이거나 화를 내는 건 '떼쓰기'에 불과하다. 떼쓰기는 어린아이처럼 미성숙한 사람, 인식의 오류가 심한 비합리적인 사람들에게서 주로 많이 나타난다. 앞에서 공부한 '비합리성'이 토론에 장애물이다. 한국보건사회연구원이 2017년 초, 우리나라 국민 10명 중 9명은 근거 없이 멋대로 생각하는 '인지적 오류'에 해당하는 습관이 있다는 조사 결과를 발표한 적이 있다. 그러니 가짜 뉴스가 판을 치고, 그걸 믿고 SNS로 퍼 나르는 것이다.

### 3) PREP형식

(1) 주장할 때 자주 사용하는 형식 중 하나가 PREP(Point-Reason-Example-Point)' 형식이다. 먼저 결론(P)을 명확히 하고, 이를 뒷받침할 근거(R)와 사례(E)를 제시한 다음, 다시 한 번 결론(P)을 제시하는 방식이다. 말하자면 양괄식이다. 물론 PERP나 PEP, PRP도 좋다. 다음 예문을 참고해 보자.

| | |
|---|---|
| 결론(Point) | 과제는 미루지 말고 그때그때 하는 것이 효과적입니다. |
| 근거(Reason) | 에빙 하우스의 망각 곡선 이론을 보면 한번 외운 단어는 10분 후 42%, 한 시간 후 50%, 1일 후 67%, 한 달 후 80%를 까먹는다고 합니다. 기억은 시간에 반비례한다는 것이죠. |
| 사례(Example) | 제 경우도 그날 과제를 그날 하면 30분이면 할 수 있는데, 계속 미루다가 6일 후 수업 전날 밤에 하려고 하면 과제를 내 줄 당시의 상황이 생각나지 않습니다. 그래서 시간도 몇 배나 많이 걸리고, 과제 내용도 교수님이 원하시는 내용과 거리가 먼 경우가 많습니다. |
| 결론(Point) | 그러니 과제는 미루지 말고 그때그때 하는 것이 효과적입니다. |

(2) 지금 주장하고 싶은 주제를 하나 찾아보자. 누구나 당연히 여기는 주장은 공감을 얻기가 어렵다. 당연한 것을 주장하기 위해서는 새로운 접근방식이 필요하기 때문이다. "(　　　)은 (　　　)이 아니라 (　　　)이다" 형식에 맞는 주장 거리를 찾아보자.

| | |
|---|---|
| 결론(Point) | |
| 근거(Reason) | |
| 사례(Example) | |
| 결론(Point) | |

## 3. 설득하기

(1) 주장이 "(　　　　)은 (　　　　)이 아니라 (　　　　)이다."라며 시비를 따져 상대방이 내 생각을 받아들이게 하는 표현이라면, 설득은 "(　　　　) 하자!" 또는 "(　　　　) 하지 말고 (　　　　) 하자!"라며 상대방이 내가 원하는 행동을 하게 하는 표현 방식이다. 설득은 광고, 캠페인 등에서 자주 사용한다.

(2) 광고에서 사용하는 설득방법으로 'A-I-D-M-A'라는 것이 있다. 'A-I-D-M-A'는 'Attention-Interest-Desire-Mind-Action'의 약자로 어떤 상품을 팔기 위해서는 먼저 주목을 끌고, 흥미를 갖게 하고, 갖고 싶게 하고, 살 결심을 하게 하고, 마침내 지갑을 열어 물건을 사게 한다는 것이다. 결국 물건을 사는 행동에 설득의 궁극적인 목적이 있음을 보여 준다.

(3) 4가지 설득 방법

주장만으로는 행동의 변화를 이끌어내기는 쉽지 않다. 머리로는 납득을 하지만 마음이 따라주지 않을 수 있기 때문이다. 흡연이 해롭다는 주장에는 동의하지만 그걸 행동으로 옮기는 건 또 다른 문제다. 사람은 머리와 가슴이 함께 움직여야 행동이 변한다.

① 1단계는 논리적 설득이다. 설득을 하기 위해서 앞에서 공부한 논리적 주장을 활용한다. 근거와 사례를 들어가며 행동을 바꾸게 하는 방식이다.

② 2단계는 감성적 설득이다. 친절, 호감, 호소와 같은 것으로 상대방의 감정에 호소하는 것이다.

③ 3단계는 보상적 설득이다. 하자는 대로 할 경우 어떤 보상이 따르는지로 상대방의 마음을 움직이는 것이다.

④ 4단계는 위협적 설득이다. 그래도 안 되면 마지막 4단계 위협적인 설득을 할 수밖에 없다. 내 생각을 받아들이지 않으면 어떤 부정적인 결과가 올지를 알려줌으로써 상대방의 마음을 강제적으로 움직이려는 것이다.

(4) 설득은 1, 2단계부터 단계적으로 하는 것이 좋다. 4단계는 불가피한 경우에만 사용하는 것이 효과적이다. 논리적 설득, 정서적 설득, 보상적 설득, 위협적 설득은 결국 상대방의 특성에 맞아야 한다. 상대방이 쉽게 받아들일 수 있는, 상대방에게 잘 먹히는 방법을 사용해야 한다. 예를 들어, 어린아이에게는 논리적 설득보다는 감성적, 보상적 설득이 잘 통할 것이다.

(5) 설득할 때 가장 중요한 것은 '진정성(신뢰)'과 '간절함'이다. 이것이 빠져 있을 때 사람들은 좀처럼 설득당하려 하지 않는다. 설득의 목적이 행동 변화에 있느니만큼 쉽게 해 볼 수 있는 구체적인 실천 방법을 제시해 줘야 효과가 있다. 설득의 1차 대상은 자기 자신이다. 자신을 설득해야 확신이 생기고, 그래야 다른 사람을 설득할 수 있다. 자신을 먼저 설득한 사람은 목소리와 눈빛부터 다르다.

## 4. 캡슐 게임

### 1) 상황

(1) 지구의 멸망으로 인류 대표 6명이 캡슐(우주선)을 만들어 지구를 탈출하여 다른 위성으로 가게 됐다.

(2) 인류의 대표는 다음과 같다.

| | | |
|---|---|---|
| ① 식량제조 전문가 | ② 이 캡슐 제작자 | ③ 무기제조 전문가 |
| ④ 수의사 | ⑤ 명사수(올림픽 사격 5관왕) | ⑥ 소통 전문가(소통, 통신 전문가) |

(3) 그런데 출발 직전에 우주선에 문제가 생겨 3명만 타게 됐다. 그래서 토론을 벌이며 주장하고 설득한다. "나는 반드시 타야 한다! 왜냐하면…." "제발 나를 좀 타게 해 주세요!"

### 2) 진행 방법

(1) 6명으로 구성된 조별로 1명씩 역할을 나누어 맡는다.(추첨)[7]

| | | |
|---|---|---|
| ① 식량제조 전문가 | ② 이 캡슐 제작자 | ③ 무기제조 전문가 |
| ④ 수의사 | ⑤ 명사수(올림픽 사격 5관왕) | ⑥ 소통 전문가(소통, 통신 전문가) |

7) 전체의 합의에 따라 1명은 새로운 역할로 바꿀 수도 있다. (예: 아이언맨, 과학자, 아이돌 가수)

(2) 내가 맡은 역할에 대한 설득 전략을 준비한다.[8)]

| 내 역할 | 설득 전략<br>(논리적으로, 감성적으로, 보상적으로, 협박적으로) |
|---|---|
| | |

(3) 왜 내가 우주선에 타야 하는지 논리적으로, 감성적으로, 보상적으로, 협박적으로 다른 사람들을 설득한다.

(4) 좀 더 효과적으로 조원들을 설득하기 위해 전략회의를 갖는다. 각 조의 같은 역할자들끼리 모인다. 예를 들면, 각조의 소통 전문가끼리 모여, 생존을 위해 어떻게 다른 대표들을 설득할지 토론 전략을 공유한다.

| 내 역할 | 설득 전략<br>(논리적으로, 감성적으로, 보상적으로, 협박적으로) |
|---|---|
| | |

---

8) ① 식량제조 전문가: 어떤 재료로도 먹거리를 만들 수 있다.
② 이 캡슐 제작자: 나를 안 태우면 출발할 때 고장낼 것이다.
③ 무기제조 전문가: 식량제조 전문가와 우주 사냥을 해서 먹고 살게 해 주겠다.
④ 수의사: 인류의 미래가 나에게 달려 있다. 그래도 나는 의사다.
⑤ 명사수(올림픽 사격 5관왕): 무기제조 전문가와 내가 꼭 필요하다.
⑥ 소통 전문가(소통, 통신 전문가): 우주인을 만나면 협력할래, 싸울래?

(5) 다시 소속 조로 돌아가 생존을 위해 토론과 설득을 한다.

(6) 필요한 경우 다른 사람과 협력, 연대를 할 수도 있다.

(7) 토론을 마친 후 조원 투표를 거쳐 최종 생존자 3명을 뽑는다.

나의 소통 One Change!

# 3V 표현

12

## •수업 열기•
## "동굴에서 광장으로!"

| | |
|---|---|
| **•입장** | 큰 소리로 인사하며 |
| **•짝꿍 옆에 앉는다.** | 잘 알지 못하는 동료가 좋은 짝꿍이다. |
| **•구호** | "Let's 통!" "반미고잘!" |
| **•존재 확인(출석 체크)** | 교수님의 호명에 아무 말이나 한마디로 대답한다.<br>(소통과 관련한 명언 등) |
| **•짝꿍 소통** | 짝꿍과 소통을 연습한다. 마주 보며, 명확하게!<br>① 먼저 웃으면 진다[1]<br>② 지는 가위바위보[2]<br>③ 폰 스토리텔링[3]<br>④ 끝말잇기[4]<br>⑤ 단어 스토리텔링[5]<br>⑥ 동작 스피치[6] |
| **•통통 인터뷰** | 매주 동료 2명 이상과 3분씩 인터뷰를 해서 내용을 기록한다.<br>이번 학기 목표 30명–수업 동료 25명, 교수와 직원 5명. |
| **•침묵 스피치** | 교실 탁자 앞에 나가 30초간 청중을 바라보고 들어간다. 익숙해진 후에는 인사나 인사말도 해 본다. 자원해서 나오도록 한다. |

---

1) 얼굴을 마주 서로 바라본다. 먼저 웃으면 진다. 3판.
2) 가위바위보 3판. 지는 사람이 이긴다. 진 사람은 "만세!", 이긴 사람은 박수!
3) 스마트폰의 사진 한 장을 골라 1분간 설명해 주고 궁금한 점을 묻는 질문에 답해 준다. 교대로.
4) "학교" "교실" "실내화"…처럼 끝말잇기
5) A가 단어를 말하고 그 단어를 이용해 한 문장으로 이야기를 한다. B가 단어를 말하고 그 단어를 이용해 한 문장으로 이야기를 한다. 단, 앞 뒤 이야기가 동화처럼 맥을 이뤄야 한다. 다음 단계에서는 A가 먼저 이야기를 한 다음에 단어를 말해 준다. B는 그 단어를 이용해 이야기를 잇고, 다음 단어를 말해 준다.
6) 바디 랭기지로 어떤 이야기를 나눈다. 나중에 표현 내용을 서로 확인해 본다. 3회 이상 메시지가 오가야 한다.

## 1. 등지고 그림 그리기

### 1) 진행 방법

(1) 짝꿍과 등을 지고 앉는다. A4용지 1장씩 준비한다.

(2) A가 B에게 용지를 절반으로 나눠 자르게 한다. 두 사람의 용지 모양이 같아야 한다.

(3) A가 용지에 도형이나 그림을 그린다.

(4) A가 그 그림이나 도형을 B에게 설명해서 '똑같이' 그리게 한다.

(5) 마주 보고 도형이나 그림이 똑같은지 확인한다.

(6) 다르다면, 그렇게 된 원인이 무엇인지 따져본다.

(7) A와 B가 역할을 바꿔 다시 시작한다.

### 2) 어떻게 하면 '똑같이' 그릴 수 있을까?

| 설명하는 사람 | 설명을 듣고 그리는 사람 |
|---|---|
| | |

## 2. 3V 표현

### 1) 언어(Verbal)

(1) 표현은 역사적으로 목소리, 이미지, 문자로 발전해 왔다. 그 후 라디오, TV와 영상매체, 인터넷 등이 등장하면서 언어(Verbal)와 비언어(Non-verbal)가 혼합되어 사용되고 있다.

(2) 글말 표현의 경우 과거에는 문자가 주를 이루었지만 이제는 사진, 그림, 표 같은 시각적인(Visual) 요소가 많이 동원되고 있다. 입말 표현의 경우도 소리(Vocal), 시각 요소(Visual)가 동원되어 소통의 효과를 키우고 있다. '보이는 라디오'가 등장할 정도다.

(3) 인간은 말하는 것은 멈출 수 있지만 생각이나 느낌, 감정을 나타내는 모든 행위를 멈출 수는 없다. 인간은 살아 있는 한, 어떠한 형태로든 커뮤니케이션을 하고 있는 것이다.

### 2) 음성(Vocal)

(1) 언어(Verbal)를 이용하는 표현은 사실이나 의미의 전달에는 효과적이지만, 감정이나 상황 전달에는 한계가 있다. 예를 들어, "철수야!"라는 언어적 표현만으로는 철수를 부르

는 진정한 목적을 알 수가 없다. 그냥 부르는 것인지, 따지는 것인지, 위험하니 조심하라고 경고를 하는 것인지…. 전하려는 의도에 적합한 목소리 효과를 더해 줘야 전달 효과가 커질 수 있는 것이다.

(2) 소통을 잘하려면 단순히 언어(어휘)만 소리로 바꿔 주는 게 아니라 음성(Vocal) 효과를 활용하는 법을 익혀야 한다.

### 3) 시각적인 요소(Visual)

(1) 언어(Verbal), 음성(Vocal)에 시선, 표정, 손짓, 복장 등 시각적인 요소(Visual)까지 더한다면 그 효과는 상당해질 것이다. 언어(Verbal)+비언어(Vocal, Visual)를 '3V'라고 해 보자.

(2) 3V 표현에서는 '일치'가 중요하다. Verbal, Vocal, Visual이 서로 일치되지 않을 때에 수신자는 큰 혼란을 겪게 되기 때문이다. 웃으면서 '슬프다'고 말하거나, 낮은 목소리로 '높게'라고 말하거나, 흡연을 하면서 '금연'을 말한다면 차라리 Verbal로 표현하느니만 못할 것이다.

(3) 소통의 효과라는 측면에서 3V는 '맞춤법'이라고 하는 게 옳다. 일치하면 효과가 크고, 일치하지 않으면 오히려 효과를 반감시킬 수 있다. 그럼에도 우리는 대화를 하거나 스피치를 할 때 3V 불일치를 자주 범하곤 한다.

## 3. Verbal

언어라는 것은 단순히 어휘 자체만을 의미하지 않는다. 어떤 내용을 어떤 순서와 비중으로 배열하느냐에 따라 그 효과는 얼마든지 달라질 수 있다. 또 어떻게 표현할 것인지 CES(Correct, Easy, Simple)에 충실해야 한다.

### 1) 스토리의 흐름(효과적인 전달체계)

(1) YTT(Yesterday, Today, Tomorrow)

(2) 공간(위치)

(3) 중요도, 크기

(4) Grouping

(5) 5W1H

(6) 논리(서론, 본론, 결론)

(7) 대안 제시(실태−문제점−원인−대안)

(8) 두괄식, 미괄식, 양괄식

(9) PREP

(10) Feel-Learn-Do

(11) Preview-View-Review

## 2) Correct

표현은 정확해야 한다. 그렇지 않으면 헷갈린다.

(1) 딱 맞는 어휘로

(2) 객관적으로

(3) 구체적으로(궁금함 없게)

## 3) Easy

표현은 쉬워야 한다. 그렇지 않으면 해석에 시간과 에너지를 써야 한다. 결국 표현 의도를 제대로 알 수가 없다. 순서도 이해하기 쉽게 배열되어야 한다.

(1) 쉬운 어휘

(2) 쉬운 문맥(구문)

(3) 시각적 표현

어느 편지

큰 과수원을 경영하는 농부가 '농업기술 담당관리'에게 편지를 썼다. 보일러 파이프를 청소하기 위해 염산을 사용해도 되는지 물어 보기 위해서였다. 답장이 왔다.

"화학반응과정의 불확실성 때문에 염산의 사용은 알카리성 물질이 내포된 상황에서는 바람직하지 않을 것 같습니다."

농부는 그 회신에 대한 감사의 말과 함께 다시 편지를 썼다. 염산을 써도 안전한가 재차 물었다. 좀 더 긴 답장이 왔다.

"귀하께서는 염산을 사용한다면 아마 후회하게 될지도 모릅니다. 왜냐하면 반응과정의 불투명 때문입니다. 염산은 반응과정에서 염기부산물을 생산할 것으로 여겨집니다."

농부는 다시 회신에 대한 감사의 편지를 썼다. 그리고 정말 염산으로 파이프를 청소해도 아무 이상이 없겠는지 알고 싶다고 썼다. 이번에는 평범한 어투의 답장이 간단하게 왔다.

("                                                  ")

### 4) Simple

표현은 간결해야 한다. 그렇지 않으면 해석에 시간과 에너지가 소비된다. 결국 알 수가 없다. 기억할 수도 없다. 긴 명언이 없는 이유다.

(1) 1863년 11월 19일 남북 전쟁 당시, 격전지였던 펜실베니아주 케티즈버그에 국립묘지를 헌정하게 됐다. 이때 하버드대 출신이며, 하버드대학 총장이고, 국무장관을 역임한 열변가인 에드워드 에버리트가 링컨보다 먼저 1시간 이상 연설을 했다. 이어서 초등학교도 제대로 나오지 못한 링컨이 연설을 했다. 그는 불과 2분 동안 250개의 단어로 민주주의의 희망을 표현해 청중을 감동시켰다.

(2) 에버리트의 긴 연설을 기억하는 이는 거의 없지만, 불과 2분의 링컨 연설은 143년이 지금까지 우리에게 기억된다. 깊은 의미를 잘 함축하고 있는 데다 짧기 때문이다.

(3) 다음은 〈아버지 월급〉이라는 짧은 시다.

> 아버지 월급 콩알만하네.
> 아버지 월급 쓸 것도 없네.
>
> –사북초 6학년 정재옥

(4) 세상에서 가장 소중한 것은 모두 한 글자로 되어 있다. 찾아보자.

|  |
| --- |
|  |

(5) '촌철살인'의 반대말은 (　　　　　　　　　)이다.

★ 효과적인 전달체계와 CES 표현을 위해 얼마나 철저히 준비하느냐에 따라 소통의 효과는 얼마든지 달라질 수 있다.

## 4. Vocal

### 1) 상대방의 목소리를 듣고 알아낼 수 있는 것은?

| | | |
|---|---|---|
| | | |
| | | |

### 2) "여보세요" 게임[7)]

(1) 우리는 언어와 비언어(목소리, 시선, 표정, 몸짓 등)로 생각(의미)과 감정을 표현한다. 사람에게는 7가지 기본 감정이 있다. 의미는 주로 언어를 통해, 감정은 비언어를 통해 표현된다.

(2) 7가지 기본 감정

| | | | |
|---|---|---|---|
| ① 기쁨 | ② 슬픔 | ③ 놀람 | ④ 혐오 |
| ⑤ 분노 | ⑥ 공포 | ⑦ 비웃음 | |

(3) 짝꿍과 교대로 7가지 감정을 표현하고, 짝꿍이 어떻게 이해했는지 확인해 보자.

① 등지고 앉아서 목소리로("여보세요")

② 마주 보고 앉아서 표정으로만

③ 마주 보고, 목소리와 표정을 일치해서

### 3) 상황에 맞는 목소리 내기

(1) 음식점에서 점원 부르기

(2) 전화로 상대방 부르기

(3) 위험 속 도움 요청하기

(4) 기가 막혀서

(5) 다른 사람 안 들리게 속삭이기

(6) 자동차 접속사고 후 따지기

7) 조별로 1명씩 표현하고 나머지 사람이 자신이 전달받은 감정의 번호를 손가락으로 표시한다. 목소리 표현 때에는는 표정이 보이지 않게 가면이나 보자기로 얼굴을 가린다.

## 4) 목소리 공식 8가지

① 발음
- 상대방이 입 모양만 봐도 알 수 있게 명확하게 발음하라.[8)]
- 전달이 어려울 경우에는 부연 설명, 입체적인 목소리 효과, 행동 언어를 더하라.

② 크기
- 사람 수나 공간의 크기에 맞춰 잘 들릴 수 있게 크게 또는 작게 말하라. 메시지의 강조할 부분은 크게 말하라.
- 소리의 크기는 공명으로 조절하라.
- 끝말을 흘리지 말라.

③ 속도
- 말하려는 메시지 중 강조할 부분은 천천히 또박또박 말하라.
- 의미에 따라 빠르게 혹은 천천히 말하라.
- 상대방이 머릿속으로 받아쓰기를 할 수 있는 속도로 말하라.

④ 끊기
- 상대방이 생각하며 들을 수 있게 적당한 곳에서 끊어서 말하라.
- 침묵도 말하기의 일부다. 학습자에게 생각할 시간을 줘라.

⑤ 공명
- 상대방이 호감을 가질 수 있게 맑고 고운 목소리로 말하라.

⑥ 어조
- 말하려는 메시지나 상황에 가장 어울리는 목소리를 내라.

⑦ 강약
- 말하려는 메시지 중 강조할 부분은 강하게 말하라.
- 의미에 따라 강하게 혹은 약하게 표현하라.

⑧ 높낮이
- 말하려는 메시지 중 강조할 부분은 높게 말하라.
- 의미에 따라 높게 혹은 낮게 말하라.
- 말이 종결될 때는 하조(下調), 계속될 때는 상조(上調)로 말하라.



---

8) 다음과 같은 발음은 특별히 바르게 해야 한다.
개, 게 / 내게, 네게 / 제주, 재주 / 예기, 얘기 / 모래, 모레 / 정수기, 정숙이 /
밥 맛, 밤 맛 / 마시는 물, 맛있는 물 / 네 말, 내 말 / 마리아가 말이야 / 잘 안다, 잘 한다

5) 어떻게 하면 다음 메시지를 전화로 다른 사람에게 정확히 전달할 수 있을까? [9)]

Tongue Twister

▲저기있는저말뚝이말을맬수있는말뚝이냐말을맬수없는말뚝이냐
▲저분은백법학박사이고이분은박법학박사이시다
▲작년에온솥장수는새솥장수이고금년에온솥장수는헌솥장수이다.
▲멍멍이네꿀꿀이는멍멍해도꿀꿀하고꿀꿀이네멍멍이는꿀꿀해도멍멍하네
▲간장공장공장장은강공장장이고된장공장공장장은공공장장이다
▲저기가는저상장수가새상장수나헌상장수냐
▲중앙청창살은쌍창살이고시청창살은외창살이다
▲검찰청쇠철창살은새쇠철창살이냐헌쇠철창살이냐
▲한양양장점옆한영양장점, 한영양장점옆한양양장점
▲저기있는말말뚝이말맬만한말뚝이냐말못맬만한말뚝이냐
▲옆집팥죽은붉은팥팥죽이고뒷집콩죽은검은콩콩죽이다
▲상표붙인큰깡통은깐깡통인가안깐깡통인가
▲내가그린기린그림은잘그린기린그림이고네가그린기린그림은못그린기린그림이다
▲강낭콩옆빈콩깍지는완두콩깐빈콩깍지이고완두콩옆빈콩깍지는강낭콩깐빈콩깍지이다
▲내가그린구름그림은새털구름그린그림이고네가그린구름그림은깃털구름그린그림이다
▲앞집팥죽은붉은팥풋팥죽이고뒷집콩죽은햇콩단콩콩죽이고우리집깨죽은검은깨깨죽인데사람들은햇콩단콩콩죽깨죽먹기를싫어하더라

9) 말하기의 목적은 상대방에게 내 말을 잘 전달하는 단계를 넘어, 상대방이 내 말을 충분히 이해할 수 있도록 배려하는 데 있다. 발음, 끊어 말하기, 빠르기 등이 필요하다.

## 5. Visual

시각 표현에는 여러 가지가 있다.

| | | | |
|---|---|---|---|
| 시선 | 표정 | 손짓(신호) | 몸짓, 자세, 행동 |
| 복장 | 도구(소품, 영상) | 공간, 접촉 | ( ) |

### 1) 시선

눈이 언어다. 눈도 표현한다. 다음 중 웃는 눈은?

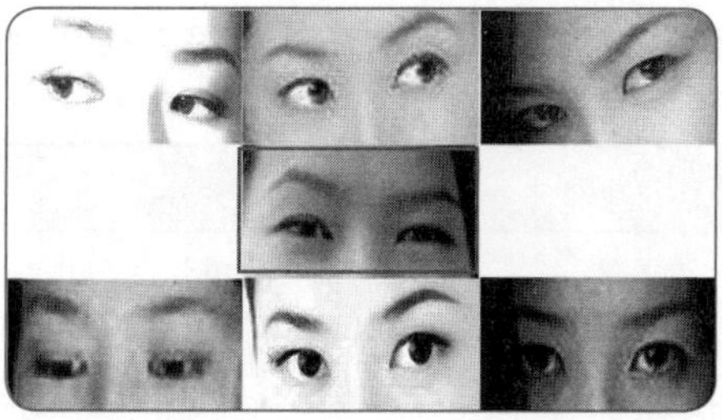

### 2) 표정

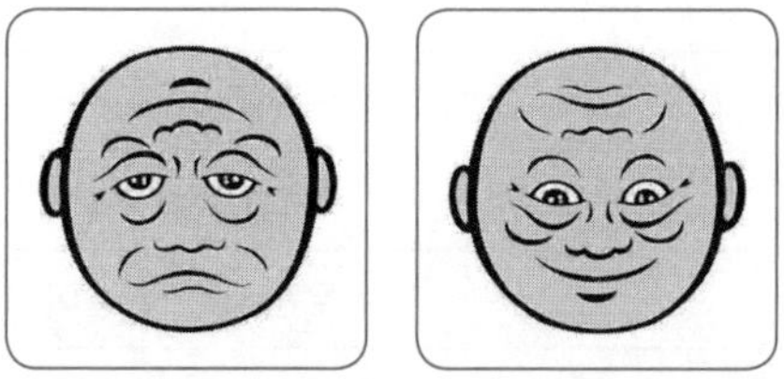

① 사람의 얼굴은 우리 마음의 상태에 따라 달라진다. 사람의 얼굴은 80개의 근육으로 되어 있는데, 그 80개의 근육으로 7천 가지의 표정을 지을 수 있다. 사람의 얼굴은 마음의 상태에 따라 달라진다. 얼굴을 보면 그 사람을 알 수 있다.

② 다음 메시지를 [시선 + 표정]으로 표현해 보자. 짝꿍과 교대로 맞춰 보자.

| | | |
|---|---|---|
| 따짐, 억울해 함, 분노함 | 반가움, 기뻐함 | 짜증남, 미워함 |
| 아쉬워 함 | 슬퍼함 | 공포, 무서워 함 |
| 비웃음, 비꼼, 조롱함 | | |

### 3) 손짓

다음 메시지를 [시선 + 표정 + 손짓]으로 표현해 보자. 짝꿍과 멀리 떨어져서 교대로 맞춰 보자.

| | | |
|---|---|---|
| "아주 잘했어!" | "그렇게 하면 안 돼!" | "도대체 이럴 수가 있는 거야?" |
| "나야, 나!" | "위험해, 조심해!" | "제발 나 좀 도와줘!" |
| "네까짓 게 뭘…." | | |

### 4) 몸짓

(1) 몸짓, 자세, 행동도 중요한 언어다. 물론 사람마다 표현에 차이가 있다 보니 오해가 생길 수도 있다. 상대방이 어떻게 받아들이느냐가 중요하기 때문에 잘 알아둬야 한다.

| 몸짓 | 의미 |
|---|---|
| 눈을 찌푸림 | 반발, 짜증 |
| 눈을 감음 | 대화 거부, 휴식 원함 |
| 입을 꼭 다뭄 | 반발, 결심 |
| 고개를 끄덕 거림 | 관심, 흥미 |
| 뒷머리를 긁음 | |
| 손을 이마에 댐 | 곤란함, 난처함 |
| 손톱을 물어뜯음 | 초조, 긴장 |
| 팔장을 낌 | 무관심, 관망, 방어 |
| 다리나 발을 떰 | |
| 어깨를 좌우로 흔듬 | 여유 표시, 가부의 보류 |
| 목소리를 갑자기 높임 | 반발, 반항 강조 |
| 목소리를 갑자기 낮춤 | 후회, 자신감 부족 |
| 뒷짐지기 | 권위 표시 |
| 두 손 비비기 | 자신 없음, 마음 약함, 아첨 동작 |
| 눈을 치 뜸 | |
| 눈을 내리 뜸 | |
| 뒤로 젖혀 앉음 | 방어, 약점 보이지 않기 |

(2) 대화 중 상대방에게 거부감을 주는 자세에는 어떤 것들이 있을까?

| | |
|---|---|
| | |
| | |
| | |
| | |
| | |
| | |
| | |
| | |

(3) 다음 메시지를 [시선 + 표정 + 손짓 + 몸짓]으로 표현해 보자. 짝꿍과 멀리 떨어져서 교대로 맞춰 보자.

| | | |
|---|---|---|
| "아주 잘했어!" | "그렇게 하면 안 돼!" | "도대체 이럴 수가 있는 거야?" |
| "나야, 나!" | "위험해, 조심해!" | "제발 나 좀 도와줘!" |
| "네까짓 게 뭘…." | | |

## 5) 복장

복장은 자신의 개성 표현일까? 아니면 상대방에 대한 존중의 표현일까? 짝꿍과 토론해 보자.[10)]

10) 상대방에 대한 존중의 표현이라면 소통 행위가 되므로 주의할 필요가 있다.

## 6) 공간, 접촉

(1) 서로 앉는 방법도 상대방에 대한 태도를 표현하는 중요한 수단이 된다. A가 먼저 와서 앉는 경우, 다른 사람이 앉는 자리는 심리적 관계를 나타낸다. 권위가 있는 중요한 사람이 A자리에 앉았을 때 당신은 어디에 앉을 것인가? (                                        )

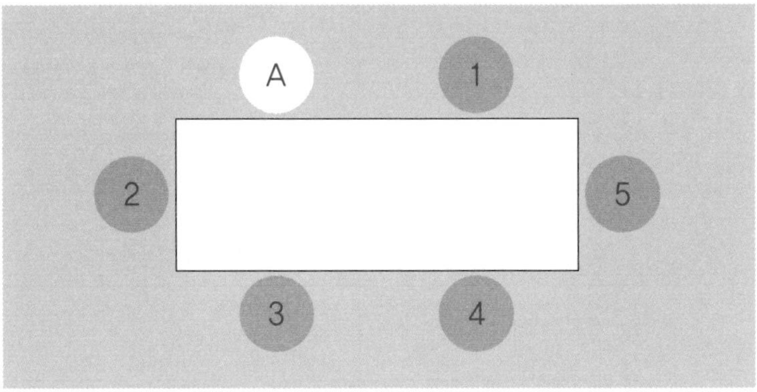


(2) 좌석별 A에 대한 심리적 태도는?

<table>
<tr><th>좌석</th><th>심리적 태도</th></tr>
<tr><td>1</td><td></td></tr>
<tr><td>2</td><td></td></tr>
<tr><td>3</td><td></td></tr>
<tr><td>4</td><td rowspan="2">보통 잘 앉지 않는 자리, 상대방에 관심이 없거나 만남에 소극적임.</td></tr>
<tr><td>5</td></tr>
</table>

(3) 에드워드 홀(1966)은 거리와 관계에 대해 다음과 같이 설명하고 있다. 사람들은 이 여덟 가지의 대인 거리를 무의식적으로, 놀라울 정도로 잘 적용하며 산다. 특히 방역을 위한 사회적 거리두기의 근거가 되고 있다.

① 사람과 사람 사이

| 거리 | 관계 |
|---|---|
| 60cm 이내 | 친밀 영역 |
| 120cm 이내 | 개인 영역 |
| 330cm 이내 | 사회 영역 |
| 330cm 이상 | 공공 영역 |

② 남자와 여자 사이

| 거리 | 관계 |
|---|---|
| 15cm 이내 | 접촉의 사이 |
| 15~45cm | 부부나 연인의 거리 |
| 45~75cm | |
| 75~120cm | 친구 사이의 거리 |
| 120~210cm | 비서와 손님의 거리 |
| 210~360cm | |
| 360~750cm | 남의 거리 |
| 750cm 이상 | 강사와 수강생의 거리 |

### 7) 도구(소품, 영상)

그밖에 다양한 소품도 소통에 많이 활용되고 있다. 예를 들어, 버스를 탈 때 백팩을 앞에 안자는 메시지를 전달하려 한다면, 실제로 백팩을 앞에 안고 이야기를 하는 것이 효과적이다. 파워포인트나 동영상 등 영상도구도 메시지를 더 정확하고 입체적으로 전달할 수 있는 효과적인 도구로 각광받고 있다.

## 6. 내일이면…

(1) 헬렌 켈러의 〈아직은 미완성〉 중에 이런 글이 나온다.

> 맹인인 나는 맹인이 아닌 당신에게 한 가지 힌트밖에 줄 수 없다.
> 내일이면 장님(시각장애인)이 될 사람처럼 당신의 눈을 사용하라.
> 다른 감각에 대해서도 마찬가지다.
> 내일이면 귀머거리(청각장애인)가 될 사람처럼 그렇게 새들의 노래 소리를 들으라.
> 마치 내일이면 다시는 아무것도 못 만지게 될 사람처럼 모든 것을 만지며 그 촉감을 즐기도록 하라.
> 마치 내일이면 아무 냄새도 맡지 못하게 될 사람처럼 그렇게 꽃의 향내를 맡고 음식의 냄새를 맡도록 하라.

(2) 보다 효과적인 소통을 위해서는 언어뿐 아니라 비언어를 총동원해야 할 필요가 있다. "The life is my message"라는 간디의 말, "메시지보다 메신저가 중요하다"는 말, "학생은 교사가 가르치는 내용보다 가르치는 태도와 방식을 배운다"는 말은 '우리의 삶 자체'가 가장 효과적인 언어임을 가르쳐 준다.

(3) 비언어 잘 사용하기

| |
|---|
| ① 메시지의 내용(Verbal), 음성언어(Vocal), 행동언어(Visual)를 일치시켜라. |
| ② 불필요한 표현, 무의미한 표현(습관적인 소리나 동작)을 삼가라. |
| ③ 감정을 표현할 때에는 표정으로 나타내라. |
| ④ 위치나 방향을 표현할 때에는 시선, 손짓을 활용하라. |
| ⑤ 수(數)를 표현할 때에는 손가락을 활용하라. |
| ⑥ 모양을 표현할 때에는 손짓(손가락)을 활용하라. |
| ⑦ 복잡한 메시지를 표현할 때에는 소품이나 영상 등 보조도구를 활용하라. |

나의 소통 One Change!

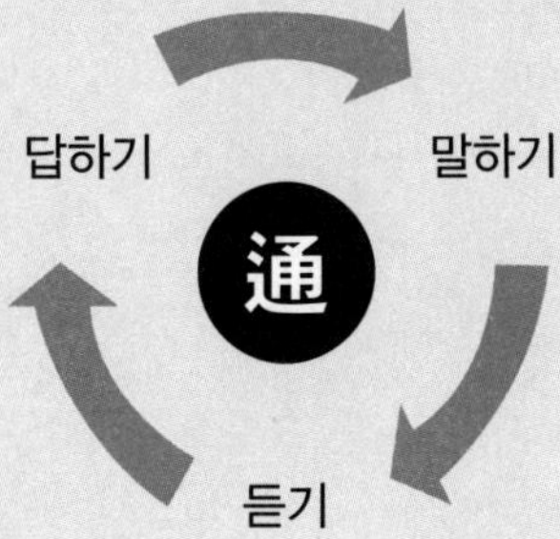
답하기
말하기
通
듣기

제 4 부

# 소통의 왈츠,
# "말-듣-답"

# Let's 通!

13 | 이렇게 말하라!

14 | 이렇게 들으라!

15 | 이렇게 답하라!

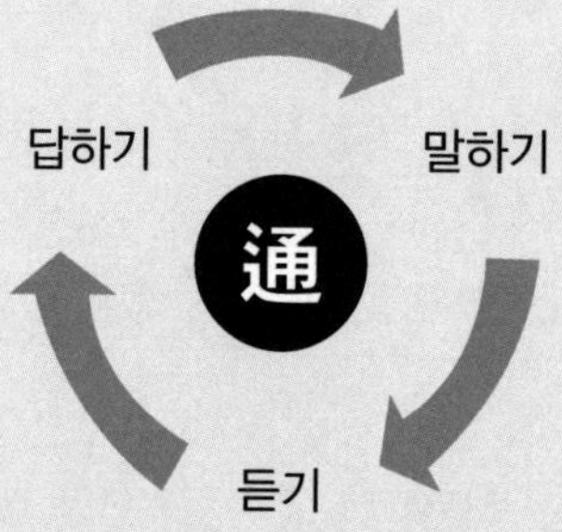

답하기
말하기
通
듣기

# 이렇게 말하라!

## ●수업 열기●
## "동굴에서 광장으로!"

| | |
|---|---|
| ●입장 | 큰 소리로 인사하며 |
| ●짝꿍 옆에 앉는다. | 잘 알지 못하는 동료가 좋은 짝꿍이다. |
| ●구호 | "Let's 통!" "반미고잘!" |
| ●존재 확인(출석 체크) | 교수님의 호명에 아무 말이나 한마디로 대답한다.<br>(소통과 관련한 명언 등) |
| ●짝꿍 소통 | 짝꿍과 소통을 연습한다. 마주 보며, 명확하게!<br>① 먼저 웃으면 진다[1]<br>② 지는 가위바위보[2]<br>③ 폰 스토리텔링[3]<br>④ 끝말잇기[4]<br>⑤ 단어 스토리텔링[5]<br>⑥ 동작 스피치[6] |
| ●통통 인터뷰 | 매주 동료 2명 이상과 3분씩 인터뷰를 해서 내용을 기록한다.<br>이번 학기 목표 30명-수업 동료 25명, 교수와 직원 5명. |
| ●침묵 스피치 | 교실 탁자 앞에 나가 30초간 청중을 바라보고 들어간다. 익숙해진 후에는 인사나 인사말도 해 본다. 자원해서 나오도록 한다. |

1) 얼굴을 마주 서로 바라본다. 먼저 웃으면 진다. 3판.
2) 가위바위보 3판. 지는 사람이 이긴다. 진 사람은 "만세!", 이긴 사람은 박수!
3) 스마트폰의 사진 한 장을 골라 1분간 설명해 주고 궁금한 점을 묻는 질문에 답해 준다. 교대로.
4) "학교" "교실" "실내화"…처럼 끝말잇기
5) A가 단어를 말하고 그 단어를 이용해 한 문장으로 이야기를 한다. B가 단어를 말하고 그 단어를 이용해 한 문장으로 이야기를 한다. 단, 앞 뒤 이야기가 동화처럼 맥을 이뤄야 한다. 다음 단계에서는 A가 먼저 이야기를 한 다음에 단어를 말해 준다. B는 그 단어를 이용해 이야기를 잇고, 다음 단어를 말해 준다.
6) 바디 랭기지로 어떤 이야기를 나눈다. 나중에 표현 내용을 서로 확인해 본다. 3회 이상 메시지가 오가야 한다.

# 1. 말하기 원칙 16

| 원칙 | 메모 |
|---|---|
| (1)<br>명확하게 말하라! | |
| (2)<br>참말을 하라! | |
| (3)<br>친절하게 말하라! | |
| (4)<br>공감하는 말을 하라! | |
| (5)<br>배려하는 말을 하라! | |
| (6)<br>살리는 말을 하라! | |
| (7)<br>재미있게 하라! | |
| (8)<br>어법에 맞게 말하라! | |

| | |
|---|---|
| (9)<br>온몸으로 말하라! | |
| (10)<br>침묵할 때와 말할 때를 구분하라! | |
| (11)<br>당사자에게 직접 하라! | |
| (12)<br>남의 말을 좋게 하라! | |
| (13)<br>상황에 맞게 말하라! | |
| (14)<br>뒤에서도 좋게 말하라! | |
| (15)<br>남의 이야기를 전하지 마라! | |
| (16)<br>상대방과 50:50으로 말하라! | |

## 2. '말(言)'을 가르치는 말

### 1) 말은 사람이다

(1) 서양 격언에 "음식이 사람이 된다(Food becomes you)."는 말이 있다. 이 말은 입으로 들어가는 음식물이 그 사람의 생각과 인격에 영향을 미친다는 뜻이다. 아무 음식물이나 함부로 먹지 말라는 경고의 말이기도 하다.

(2) 그런가 하면 입에서 나오는 말은 그 사람의 그러한 생각과 인격을 겉으로 보여 준다. 악기의 소리들이 각기 다른 것은 그 악기의 됨됨이가 서로 다르기 때문이다. 같은 꽹과리라도 성분의 비율이나 담금질에 따라 소리가 다르다. 사람의 말도 그 사람이 체험해 온 삶의 내용이나 그를 통해 형성되어 온 생각, 인격에 따라 다를 것이다.

(3) 프랑스인은 자기 나라 말을 아끼기로 유명하다. 어떤 프랑스인이 자기 딸을 부잣집에 시집을 보내면서, 상대방 부모에게 이렇게 말했다고 한다. "가진 게 없어 혼수는 준비하지 못했습니다. 그러나 제 딸에게 훌륭한 프랑스어를 가르친 것을 자랑스럽게 생각합니다." 부모가 어려서부터 가르쳤다는 그 훌륭한 프랑스어라는 게 무엇일까? 정확하고 정직한 말, 절제와 예의가 담긴 말이 아닐까.

(4) 사실 이러한 언어를 구사할 수 있는 능력이란 발음과 어법 중심의 회화 훈련이 아니라 진실한 삶이라는 용광로 속에서 긴 세월 동안 이뤄지는 사람 됨됨이의 훈련을 통해 체득될 수 있다고 생각한다.

(5) 말을 잘 한다는 건 세상을 살아가는 데 있어 매우 중요한 능력이다. 그러나 그것은 웅변학원에서가 아니라 긴 세월 동안 훈련을 통해 익어진다.

### 2) 생각과 감정이 담긴 말을 나누자

(1) 우리는 하루에도 수없이 많은 사람을 만나 수없이 많은 이야기를 주고받는다. 그러나 그 말 중에는 우리의 생각이나 감정이 담기지 않은 것들도 많다. 생각과 감정이 담겨야 상대방과 관계가 생긴다.

(2) 대화가 관계를 만들고, 관계가 대화를 만든다. 대화는 5단계로 나눠볼 수 있다.

① 첫째는 침묵의 단계. 아무 말도 하지 않고 지내는 사람들의 사이는 한 마디로 아무것도 아니다. 대화가 없을 때 관계는 생기지 않는다. 관계가 있는 사람끼리도 입을 다물면 관계가 무너지고 만다.

② 둘째는 형식적이고 의례적인 말만 나누는 단계. "안녕하세요?" "별일 없지요?" 이런 말들은 이미 그 본뜻을 상실한 단순한 '소리'에 불과하다.

③ 셋째는 꼭 필요한 말만 하는 단계. "지금 몇 시죠?" "서울역 어디로 가죠?" 등의 말은 뭔가 정보를 얻기 위한 것이다. 이러한 세 단계를 넘어야 사람과 사람의 관계는 깊어진다.

④ 넷째는 자신의 생각을 말하는 단계. 잘 모르는 행인을 붙잡고 자신의 의견을 함부로 얘기할 수는 없다. 그러나 친밀한 사람에게는 자신의 의견을 얼마든지 말할 수 있다.

⑤ 다섯째는 자신의 감정을 말하는 단계. 감정 표현은 상당히 깊은 관계에서만 가능하다.

우리는 우리가 만나는 사람들과 어떤 수준의 이야기를 나누며 살아가고 있는가?

### 3) 바르고 교양 있는 말을 나누자

(1) 어느 선배 댁에 갔더니, 마침 그 분의 세 살배기 외손자가 와서 놀고 있었다. 그 아이가 서툰 발음이지만 자기 집을 '우리 집'이라고 하고, '할아버지 집'을 '할아버지 댁'이라 구분해서 말하는 걸 들으면서 적잖이 놀랐다. 대부분의 아이들이나 어른들조차 할아버지가 사는 곳을 보통 '할아버지 집'이라고 하는데, 세 살배기가 '할아버지 댁'이라고 하니 기특하기도 하고 어른으로서 조금은 부끄러운 생각이 들었다.

(2) 서울의 지하철역 중에 초등학교 교사가 될 대학생들이 많이 타고 내리는 곳이 있다. 어느 작가가 그 대학생들이 전철 안에서 주고받는 말들을 유심히 살펴본 모양이다. 그런데 그들이 쓰는 말들이 너무 거칠고 품격이 낮을 뿐 아니라 행동이 무례하다며, 장차 아이들에게 미칠 영향을 걱정했다.

### 4) 정체성이 담긴 말을 나누자

(1) 소설가 김성동씨가 『우리 말 우리 글 속 일본식 용어 999가지』를 발표한 적이 있다. 광복 반세기가 지난 지금까지도 일제의 영향이 우리 삶 속에 뿌리 깊이 남아 있음을 알 수 있다. 우리가 우리말을 잘 써야 하는 건, 우리말이 우리에게 가장 잘 맞기 때문이다. 일본말은 우리의 가치관에 맞지 않기 때문에 쓰지 말아야 하는 것이다.

(2) '동물(動物)'은 일본식 말이다. 우리 식으로는 '숨탄것'이라고 한다. 숨을 불어넣음을 받는 것이라는 뜻이다. 사물을 보는 근본적인 시각이 다르다. 어버이와 자식 부부 등이 관계로 맺어져 한 집안에서 생활을 함께 하는 집단을 일본인들은 '가족(家族)'이라고 한다. 부부를 기초로 해서 한 집안을 이루는 사람들이라는 뜻이다. 단순히 구성체의 요건만을 드러내는 요소개념이다. 그러나 우리는 '식구(食口)'라고 한다. 한 집안에서 같이 살며 끼니를 함께 하는 식솔이라는 뜻이다. 이는 함께 밥을 먹는 공동의 운명체임을 가리키

는 내용 개념이다.

'형제(兄弟)'란 말도 일본식이다. 먼저 난 것은 형이요, 뒤에 난 것이 동생이다. '형제'란 태어난 순서만을 말하는 수직개념의 말이다. 그러나 우리는 '동기(同氣)'라고 한다. 같은 기를 받고 태어난 생명 공동체라는 뜻이다. 여기서 '기'는 어머니의 배꼽, 곧 탯자리를 말하니 형과 동생 모두 고귀하다는 수평개념의 말이다.

'부부(夫婦)'라는 말은 적법의 혼인을 한 남녀의 신분을 말하는 일본식 용어다. 그러나 우리는 안과 밖을 가리키는 평등개념으로서 '내외(內外)'라고 부른다. 생물학적 다름에 따라 안팎을 나누었을 뿐이지, 이른바 '가장'과 '주부'라는 왜말이 들어오기 전까지는 안주인, 바깥주인으로 불렸다.

(3) 말을 살려야 한다. 말은 문화의 기초가 된다. 우리가 남의 말을 사용하게 되면 우리의 가치관도 그쪽을 닮아가게 마련이다.

### 5) 참말을 나누자

(1) 어느 목사가 교인들에게 그 다음 주에 시편 155편을 읽어 오라고 부탁을 했다. 그 다음 주에 목사는 시편 155편을 읽어 본 교인들은 손을 들어 보라고 했다. 많은 사람이 손을 들었다. 그러나 시편에 155편은 없다.

우리의 언어나 생활 습관 중에는 아이들에게 어려서부터 거짓말을 가르쳐 주는 면이 없지 않다. 어린아이에게 쓴 약을 먹일 때, 달다고 속이며 먹이는 게 좋은 예다. 그렇게 한 번 속은 아이는 그 다음부터는 달다고 해도 믿질 않게 된다. 누구를 찾는 전화가 왔을 때, "없다"고 하라고 아이에게 거짓말을 시키는 것도 마찬가지다.

(2) 거짓말은 사실과 다른 말이다. 거짓말이란 정확하지 않은 것, 정직하지 않은 것, 투명하지 않은 것이다. 사실을 왜곡하고, 축소하거나 확대하고, 날조하거나 변색, 변질하는 것이 거짓말이다.

(3) 사람들은 얼마나 거짓말을 할까? 미국 서던 캘리포니아 대학의 조사 결과에 따르면, 하루에 약 2백 번, 즉 8분에 한 번 꼴로 거짓말을 한다고 한다. 직장인들의 거짓말 상대는 아내가 1위, 부모가 2위, 애인이 3위, 상사가 4위라니 가장 가까운 상대에게 거짓말을 많이 하는 것이다. 인류 최초의 가짜뉴스는 뱀이 전한 '선악과를 먹어도 된다'는 말이다. 인간만이 숨기고 속이고 기만하고 위조하고 왜곡하고 사기 치고 발뺌하는 능력을 갖고 있다. 그러나 거짓말은 눈처럼 녹는다(Lies melt like snow). 어떤 거짓말이든 머지않아 탄로가 난다.

(4) 데이 C. 셰퍼드는 "말하기 전에 언제나 세 가지 황금 문을 지나게 하라. 다 좁은 문이다.

첫째, 문, 그것은 참말인가?(Is it true?), 둘째, 문, 그것은 필요한 말인가?(Is it necessary?), 셋째, 문, 그것은 친절한 말인가?(Is it kind?) 이 세 문을 지나왔거든 그 말의 결과가 어찌 될 것인가 염려하지 말고 크게 외치라."고 했다.

### 6) 사람을 살리는 말을 나누자

(1) 말 한 마디가 천 냥 빚을 갚는다는 말이 있다. 사람들이 싸우는 걸 보면 대개는 잘못 표현된 말 때문인 경우가 많다. 상대방의 감정을 건드리는 말이 갈등과 상처를 만든다. 기둥에 박은 못을 뽑아도 그 자리에는 여전히 흔적이 남듯이, 잘못 표현된 말의 상처는 아무리 사과를 해도 그 흔적이 지워지지 않는 법이다.

(2) 아이가 마루바닥의 컵을 건드려 깼을 때, 어머니들이 나타내는 반응은 두 가지다. 하나는 "진작 치우랬는데 왜 안 치웠느냐? 넌 왜 밤낮 그러냐?"이고, 또 하나는 "다친 데 없느냐. 난 네가 어디라도 다쳤는 줄 알고 걱정했다. 내가 진작 컵을 치울 걸…."이다. 컵보다 아이를 더 중요하게 여겨주는 마음이, 문제의 원인을 내게로 돌리는 말이 아이의 행동을 변화시켜 줄 수 있다.

(3) 우리가 누군가와 주고받는 이야기는 언제나 상대방을 죽이는 게 아니라 살려 주는 말이 되어야 한다. 아파하는 이를 위로하는 말, 힘들어하는 사람을 격려하는 말, 못하는 사람을 더 잘하게 해 주는 말, 잘한 사람을 더 잘하게 해 주는 말, 절망한 사람에게 용기를 갖게 해 주는 말, 죽고 싶어 하는 사람에게 살고 싶은 마음이 들게 하는 말을 나눠야 한다.

(4) 다른 사람을 맥 빠지게 하고, 좌절하게 하고, 고민하게 하고, 괴롭게 하고, 죽고 싶게 만들어서는 안 된다. 긍정적인 말이 사람을 살린다. 필요하다면 하얀 거짓말이라도 해야 한다. 말을 통해 상대방을 기쁘게, 신나게 해 줘야 한다.

(5) 언어에도 2루타 언어, 병살타 언어가 있다. "넌 빠져!" "됐어~!" "니가 그렇지 뭐…." "넌 몰라도 돼!" "미안한 건 아냐?" "넌 그래서 안돼, 넌 그게 문제야." "우리 그냥 모르는 사이로 지내자." "너 때문에 되는 일이 없어." "너랑은 대화가 안 된다." "니가 무슨… 지금 하는 일이나 잘해!" "니가 할 수 있겠어?" "여자가 왜 그래? 남자가 왜 그래?" "대체 아는 게 뭐야?" "어디 학교 나왔어?" 이런 말이 병살타 언어다.

(6) 긍정적인 2루타 언어를 쓰자. 2루타 언어는 나도 살리고, 상대방도 살린다. 병살타 언어는 나도 죽이고 상대방도 죽인다.

### 7) 상대방을 배려해 주는 말을 나누자

'표 파는 곳'인가, '표 사는 곳'인가?

우리가 사용하는 말 중에는 자기 입장을 벗어나지 못한 것들이 많다. 상대방을 배려하는 구체적인 방법은 상대방의 입장에 서서, 상대방과 같은 눈높이를 취하는 것이다. 상대방이 알아들을 수 있는 용어로, 상대방이 이해할 수 있는 속도로, 상대방이 들릴 수 있는 크기로 말해야 한다.

### 8) 통하는 말을 나누자

언어는 커뮤니케이션 수단이다. 언어는 서로 통할 때 가치가 있다. 사람이 하루 동안 하는 일을 살펴보면 85%가 커뮤니케이션이라고 한다. 통하는 말을 주고받아야 행복하다.

(1) 통하는 말은 정확하다(Correct). 말을 주고받는 사람 모두 같은 그림을 공유하고 같은 해석을 할 수 있어야 한다. 그러자면 서로 약속된 정확한 말을 찾아 써야 한다. 어떤 사물이나 현상에 맞는 말은 이 세상에 단 하나밖에 없다. 사전에 그 말들이 있다. 말소리의 크기나 빠르기, 길이, 발음도 명확해야 한다.

(2) 통하는 말은 명확하다(Easy). 말을 주고받는 사람 모두 머리 속에 그림이 그려지는 말이 통하는 말이다. "쉽게 말해서…." 이런 표현이 필요 없어야 한다. 이해가 잘 되고, 헷갈리지 않아야 한다.

(3) 통하는 말은 간결하다(Simple). 깊은 사고로 만들어 낸 압축되고 정제된 말이 통하는 말이다.

### 9) 차라리 침묵하라

(1) 어느 소통훈련 과정에 다녀온 사람의 얘기다. 4일 코스였는데, 연수과정 내내 밥 먹는 일 이외에는 입을 쓸 일이 전혀 없었다. 다른 세미나는 말로 시작해서 말로 끝나는 훈련인데, 이 세미나는 침묵으로 시작해서 침묵으로 끝났다.

(2) 강요된 침묵을 통해, 그동안 얼마나 쓸 데 없는 말을 많이 하고, 남의 쓸 데 없는 말을 들으며 살아왔는지도 깨달았다고 한다. 말의 공해를 깨달았고, 앞으로 될 수 있으면 많은 말을 하지 않고, 듣지도 않고 살아가기로 했다고 한다. 침묵이 금일 수도 있다. 말을 많이 하지 말고 많이 듣자. 진실한 말만 나누자. 상대방을 배려하고 상대방을 행복하게 해 주는 말만 나누자.

## 10) 장자(莊子)의 '습관적 과오 8가지'

| | |
|---|---|
| ① 자기 할 일이 아닌데 덤비는 것 | |
| ② 상대방이 청하지도 않았는데 의견을 말하는 것 | |
| ③ 남의 비위를 맞추려고 말하는 것 | |
| ④ 시비를 가리지 않고 마구 말을 하는 것 | |
| ⑤ 남의 단점을 말하기 좋아하는 것 | |
| ⑥ 남의 관계를 갈라 놓는 것 | |
| ⑦ 나쁜 짓을 칭찬하여 사람을 타락시키는 것 | |
| ⑧ 옳고 그름을 가리지 않고 비위를 맞춰 상대방의 속셈을 뽑아 보는 것 | |
| 주착(做錯), 망령(妄靈) 아첨(阿諂), 푼수(分數),<br>참소(讒訴), 이간(離間)질, 간특(奸慝), 음흉(陰凶) | |

## 11) 어법에 맞게 바로 고치기

| 잘못 사용하는 사례 | 바르게 고치기 |
|---|---|
| "제가 아시는 분이…" | |
| "교수님, 수고하세요." | |
| "저한테 여쭤보신 분" | |
| "저희 나라에서 저희 학교가…." | |
| "커피 나오셨습니다."<br>"2만 원 나오셨습니다."<br>"값은 3천 원이세요."<br>"이 물건이세요."<br>"50% 세일이세요."<br>"3천 원에 2개 가져가시는 거세요." | |
| "여러분, 내가…."(청중 앞에서) | |
| "제 이름은 김 자, 철 자, 수 자입니다." | |
| "옆자리 있으세요?" | |
| "저는 OOO라고 합니다." | |
| 남편을 "오빠!",<br>음식점에서 직원을 "이모!, 아가씨!",<br>옷가게에서 손님을 "언니!",<br>관공서에서 어르신을 "아버님, 어머님!" | |
| "교수님, 김OO 선배님께서 조금 늦으신답니다."<br>(학생이 하는 말) | |
| "이거 3개인 것 같아요." | |

| | |
|---|---|
| "이어서 교수님의 말씀이 계시겠습니다." | |
| "제 말씀은 이런 뜻입니다." | |
| "너, 선생님이 빨리 오래."<br>"아버지, 할아버지가 빨리 오시래." | |
| "저 학생 부모님은 서울에 있으세요." | |
| "교수님, 시간 좀 계세요?" | |
| "교수님께 저만한 딸이 계시다고요?" | |
| "교수님이 아파서 오늘 휴강이랍니다." | |
| "교수님은 볼 일이 계셔서 종로에 가셨어요." | |
| "우리 아이는 학교에 갔다 오면 꼭 한 가지씩 저한테 여쭤 봐요." | |
| "저희 나라에는 '경어'라는 아주 독특한 어법이 있어요." | |
| "제가 아시는 지인이…." | |
| "한글 이름이 참 예쁘네." | |

## 12) 한글 자음 이름의 정확한 소리는?

| 자음 | 이름(소리) | 자음 | 이름(소리) |
|---|---|---|---|
| ㄱ | | ㅇ | |
| ㄴ | | ㅈ | |
| ㄷ | | ㅊ | |
| ㄹ | | ㅋ | |
| ㅁ | | ㅌ | |
| ㅂ | | ㅍ | |
| ㅅ | | ㅎ | |

## 13) 영화 〈킹스 스피치(The King's Speech)〉

(1) 2010년 톰 후버 감독이 개봉한 〈킹스 스피치(The King's Speech)〉는 어린 시절의 컴플렉스(Complex)를 극복하지 못하고 사람들 앞에만 서면 말을 더듬는 요크공작이, 말더듬증을 극복하고 국민의 마음을 감동시키는 연설을 하기까지의 과정을 그렸다. 조지 6세(콜린 퍼스 분)는 연설 때마다 말을 더듬는 장애가 있었다. 영국 왕 조지 5세는 둘째 아들 요크공작에게 폐막연설을 대독시켰다. 당시 대국민연설은 몇 년 전 첫 방송을 시작

한 당시의 신기술인 라디오를 통해 처음으로 생중계되고 있었다. 그런데 라디오에서는 "저는 오늘 친애하는 국왕폐…폐…하…폐…."만 반복된다. 그리고 요크공작의 연설을 들으려던 이들은 모두 실망한다.

(2) 부친인 조지 5세는 군주는 민중과 소통해야 한다고 믿는 터라 아들의 장애를 근심한다. 조지 6세와 아내 엘리자베스는 말더듬증을 극복하기 위해, 공인되지 않은 언어치료사인 라이오넬 로그(제프리 러시 분)를 소개받는다. 라이오넬은 다른 언어치료사들과 달리 조지 6세의 말을 진지하게 들어주어 마음의 안정을 찾도록 배려한다. 이들이 점차 마음을 열어가기 시작할 무렵, 부친이 서거하게 되고 그의 형이 왕위에 앉으나 곧 사임한다.

(3) 킹스 스피치는 언어치료사 로그와 조지 6세의 우정을 통해 소통은 기교가 아니라 서로의 마음을 여는 것이며, 사람의 마음을 감동시켜 움직이는 것이 진정한 소통이라는 것을 보여 주었다. 조지 6세는 2차 세계대전이 발발했을 때 로그의 도움을 받아 전 국민의 단결을 이끌어 내는 감동적인 첫 전시 연설을 성공적으로 하게 된다.

(4) 이 영화를 감상하고, 나에게 적용할 점이 무엇인지 정리해 보자.

### 14) 말에 대한 금언들

① 말해야 할 때에 가만히 있고, 가만히 있어야 할 때에 말하지 말라.
② 말은 빵을 씹는 것보다 더 잘 씹어야 한다.
③ 발은 잘못 디뎌도 금방 자세를 가다듬을 수 있다. 그러나 혀를 잘못 놀리면 돌이킬 수 없을지 모른다.
④ 말은 돈이다. 과장된 말은 인플레와 같고, 약속을 실천하지 못하는 말은 부도수표와 같고, 의식적인 거짓말은 위조지폐와 같다.
⑤ 혀는 우리 몸의 한 부분이지만 온 몸을 더럽히고 인생의 수레바퀴에 불을 지르고 마지막에는 혀도 지옥불에 타 버립니다. (야고보서 3:6)
⑥ 미련한 자의 입술은 다툼을 일으키고 그 입은 매를 자청하느니라. (잠언 18:6)
⑦ 죽고 사는 것이 혀의 권세에 달렸나니 혀를 쓰기 좋아하는 자는 그 열매를 먹으리라. (잠언 18:21)

나의 소통 One Change!

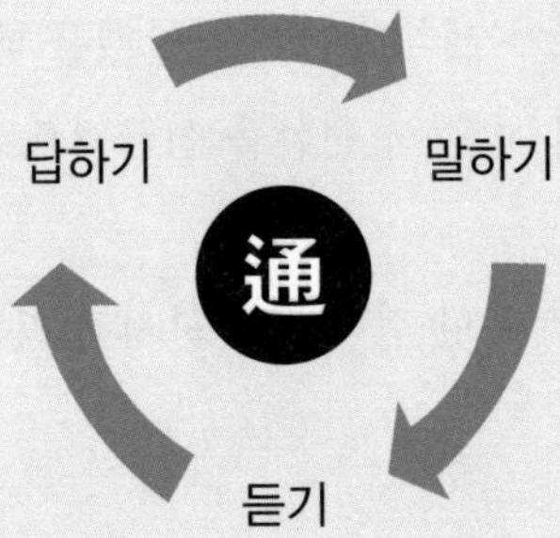
답하기
말하기
通
듣기

14

# 이렇게 들으라!

## ●수업 열기●
## "동굴에서 광장으로!"

| | |
|---|---|
| ●입장 | 큰 소리로 인사하며 |
| ●짝꿍 옆에 앉는다. | 잘 알지 못하는 동료가 좋은 짝꿍이다. |
| ●구호 | "Let's 통!" "반미고잘!" |
| ●존재 확인(출석 체크) | 교수님의 호명에 아무 말이나 한마디로 대답한다.<br>(소통과 관련한 명언 등) |
| ●짝꿍 소통 | 짝꿍과 소통을 연습한다. 마주 보며, 명확하게!<br>① 먼저 웃으면 진다[1)]<br>② 지는 가위바위보[2)]<br>③ 폰 스토리텔링[3)]<br>④ 끝말잇기[4)]<br>⑤ 단어 스토리텔링[5)]<br>⑥ 동작 스피치[6)] |
| ●통통 인터뷰 | 매주 동료 2명 이상과 3분씩 인터뷰를 해서 내용을 기록한다.<br>이번 학기 목표 30명–수업 동료 25명, 교수와 직원 5명. |
| ●침묵 스피치 | 교실 탁자 앞에 나가 30초간 청중을 바라보고 들어간다. 익숙해진 후에는 인사나 인사말도 해 본다. 자원해서 나오도록 한다. |

1) 얼굴을 마주 서로 바라본다. 먼저 웃으면 진다. 3판.
2) 가위바위보 3판. 지는 사람이 이긴다. 진 사람은 "만세!", 이긴 사람은 박수!
3) 스마트폰의 사진 한 장을 골라 1분간 설명해 주고 궁금한 점을 묻는 질문에 답해 준다. 교대로.
4) "학교" "교실" "실내화"…처럼 끝말잇기
5) A가 단어를 말하고 그 단어를 이용해 한 문장으로 이야기를 한다. B가 단어를 말하고 그 단어를 이용해 한 문장으로 이야기를 한다. 단, 앞 뒤 이야기가 동화처럼 맥을 이뤄야 한다. 다음 단계에서는 A가 먼저 이야기를 한 다음에 단어를 말해 준다. B는 그 단어를 이용해 이야기를 잇고, 다음 단어를 말해 준다.
6) 바디 랭기지로 어떤 이야기를 나눈다. 나중에 표현 내용을 서로 확인해 본다. 3회 이상 메시지가 오가야 한다.

## 1. 듣기 원칙 5

일상에서 어떻게 다른 사람의 말에 경청해야 하는가? 한자 '들을 청(聽)' 자가 이에 대해 잘 설명해 준다.

| 원칙 | 메모 |
|---|---|
| (1) 王<br>상대방을 중요한 사람으로<br>인식하고 대하라! | |
| (2) 耳<br>상대방이 말할 때<br>귀를 기울여라! | |
| (3) 目<br>상대방에게 시선을<br>집중하라! | |
| (4) 一<br>오직 상대방 한 사람에게<br>집중하라! | |
| (5) 心<br>상대방의 마음도<br>헤아려 들어라! | |

## 2. 나는 혹시 이렇지 않은가?

| 문항 | O, X |
|---|---|
| ① 상대가 이야기할 때 다른 일을 생각한다. | |
| ② 생각은 딴 곳에 있지만 그냥 열심히 듣는 척한다. | |
| ③ 전혀 반응을 하거나 묻지 않고 듣기만 한다. | |
| ④ 상대가 이야기할 때 다른 사람과 이야기를 한다. | |
| ⑤ 상대가 이야기할 때 휴대전화를 열어 보거나 딴짓을 한다. | |
| ⑥ 상대가 말하는 내용을 알 경우, 중간에 말을 자른다. | |
| ⑦ 상대가 너무 빨리 말하거나 늦게 말할 때 책상 위의 서류를 뒤적거리거나 뭔가 다른 행동을 한다. | |
| ⑧ 상대가 말할 때 다음에 내가 할 이야기를 마음속으로 생각한다. | |
| ⑨ 상대가 어려운 말을 하면 질문하지 않고 내가 이해하는 것만 듣는다. | |
| ⑩ 같은 내용을 자꾸 묻는다. | |

## 3. '들을 청(聽)' 자를 구성하는 5글자를 쓰면서 뜻을 생각해 보자.

| 王 | 耳 | 目 | 一 | 心 | 傾 | 聽 |
|---|---|---|---|---|---|---|
| 상대방은 VIP | 상대방에게 귀를 기울이고 | 상대방을 주목하며 | 한 사람만 집중하고 | 말에 담긴 마음도 읽는다. | 이것이 경청이다 | |
| | | | | | | |
| | | | | | | |
| | | | | | | |
| 이청득심(以聽得心): 귀 기울여 경청하는 일은 사람의 마음을 얻는 최고의 지혜.<br>말을 배우는 데에는 2년밖에 안 걸리지만, 듣기를 배우는 데에는 60년이나 걸린다. | | | | | | |

## 4. 듣지 않으면 (                ) 못한다.

### 경청(Listening)을 위한 10가지 제안(Keith Davis)

(1) 말하기를 그쳐라(Stop talking).

(2) 말하는 사람을 편하게 해 줘라(Put the talker at ease).

(3) 말하는 사람에게 귀를 기울이고 있다는 것을 보여 줘라(Show the talker that you want to listen).

(4) 주위 산만함을 없애라(Remove distractions).

(5) 말하는 사람의 입장이 되라(Empathize with the talker).

(6) 인내심을 가져라(Be patient).

(7) 화를 내지 말라(Hold your temper).

(8) 논쟁과 비판에 관대하라(Go easy on arguments and criticism).

(9) 때때로 질문을 하라(Ask questions).

(10) (                                        )

'LISTEN'
CONTAINS
THE SAME
LETTERS
AS THE WORD
'SILENT'

## 5. 全的으로 함께 있음(셰익스피어)

(1) 자기 자신의 말은 활발하게 하면서도, 다른 사람들이 말하는 동안은 휴식시간으로 이용하는 경우가 없도록 하라. 자기가 말할 때는 생기 있게 보이지만, 상대방이 말할 때는 뚱한 표정을 하는 사람들이 있다. 그런 사람은 아무리 총명할지라도, 그와 함께 있는 사람들의 사기를 저하시킨다.

(2) 경청을 하기 위해서는 말하는 사람을 향해 눈이나 고개만 돌리는 자세를 바꿔야 한다. 내가 말하고 있는 상대를 향해 가슴을 향해야 상대방이 편안하게 말을 할 수 있다.

## 6. 경청을 막는 듣기

**1) 선택적 청취: 보고 싶은 것만 보고, 듣고 싶은 것만 듣는다.**

우리가 대화중에 상대방이 말하고자 하는 중심이나 전체를 듣지 않고 자신의 관심사만 발췌해서 듣는 것이 선택적 청취다. 우리나라 국회 청문회에서 이런 광경을 자주 본다. 청문회(聽聞會)를 영어로는 '(　　　　　　　　　　)'이라고 한다. 청문회는 듣기 위한 것이다. 질문자가 상대방이 답변할 시간을 주지 않고, 자기 할 말만 하고 "간단히 답하라."고 한다. 간단히 묻고 자세히 답하는 게 청문회인데….

**2) 멍청**

(1) 경청(敬聽)은 상대방을 존경하며 듣는 것이다.
(2) 경청(傾聽)은 상대방에게 귀를 기울이는 것이다.
(3) 멍청(輕聽)은 멍 때리며 상대방 말을 듣는 것이다. 상대방의 말을 듣는 척하지만 그 말을 가벼이 여긴다. 결국 상대방도 자신의 말을 안 듣게 되니 대화가 단절된다.

**3) 외이(外耳)**

사람에게는 3개의 귀가 있다.
(1) 외이(外耳)는 상대방의 말을 소리로 듣는다.
(2) 중이(中耳)는 상대방의 말을 의미로 듣는다.
(3) 내이(內耳)는 상대방의 말에서 기분도 듣는다.

**4) 소리만 듣기**

(1) 소극적 청취: 들리는 소리만 듣는다.
(2) 분별력 있는 청취: 의미를 듣는다.
(3) 적극적 청취: 상대방의 의미와 감정을 듣는다.

**5) 진정한 소통은 상대방의 (　　　　　　　　　　)를 읽는 데서 시작된다.**

모든 표현에는 의미와 함께 감정도 숨겨져 있다. 그래서 사람과 사람 사이의 소통은 두 선으로 통한다. 하나는 의미, 또 하나는 감정. 사람들은 의미의 선은 발견하지만 감정의 선을 찾지 못한다. 소리나 어휘만 듣기 때문이다. 진정한 소통을 하려면 감정의 선을 통해 그가 처한 상황, 감정 상태, 그리고 필요를 읽어 낼 수 있어야 한다.

## 7. 경청의 중요성

### 1) 샤샤댐 건설 이야기

1994~2006년 건설. 세계 최대(소양강댐 저수량 13배). 이 댐의 준공식에서 건설 책임자는 "댐 건설 최고 공헌자는 댐 건설 반대자들이었다. 그들이 없었다면 완벽한 설계 못했을 것"이라고 했다.

### 2) Discussion = Dis + cuss

(1) 토론을 의미하는 'Discussion'은 '부정(Dis)+원망(Cuss)'을 뜻한다. 반론을 제기해도 원망하지 않는다는 뜻이다. 다시 말해, 나의 이야기에 대한 반론을 제기하는 걸 경청하는 걸 디스커션이라고 한다.

(2) 경영 현장에서는 'Devil's Advocate'라 하여 의도적으로 반대의 목소리 만들어 내기도 한다. 나아가 회사를 망가뜨리기 위한 전략을 세우는 'Kill the Company' 팀을 만들어 운영하기도 한다. 이 팀에서는 경영이나 상품의 가장 취약한 부분을 파고 들어가 공격한다. 그래야 나중에 나타날 수 있는 위험을 예방할 수 있기 때문이다.

### 3) 우환(憂患)을 초래한 청취 거부

2019년 12월 30일, 중국 우한중앙병원 안과의사 리원량이 신종 코로나 바이러스 발병을 처음 알렸다. 그러나 당국은 유언비어를 퍼뜨렸다며 그를 소환하여 발설을 막았고, 나중에 풀려났지만 환자 진료 중 감염돼 사망했다.

### 4) 아폴로 우주선

우주 왕복선 챌린저호는 발사 73초가 지나는 시점에서 가속 중 폭발해 탑승자 전원이 사망했다(1986년). 챌린저호를 발사하기 전, 나사(NASA)에는 공중폭발의 주 원인인 연료 누설을 일으킨 원형 누설방지 고리(O-ring)가 파손될 가능성이 있다는 사실을 알고 있었던 사람이 무려 1,100여 명이나 있었다고 한다. 만일 당시 나사가 모든 가능성에 대해 서로 대화하고 경청하여 즉각 반응할 수 있었더라면, '공중 폭발'이라는 끔찍한 결과는 미연에 방지할 수 있었을 것이다.

## 8. 경청은 '집중하는 것'

경청은 한 사람에게 집중하는 것이다.

(1) 다른 팀과 4명이 모인다.

(2) 두 사람이 요즘 관심이 있는 연예인에 대해 30초 정도 동시에 이야기를 한다.

(3) 이야기를 들은 두 사람이 다른 두 사람이 이야기한 내용을 말한다.

(4) 한 사람에게 집중하는 것이 경청이다. 그래야 메시지를 알아들을 수 있다.

## 9. 고쳐야 할 나의 경청 태도

| 가족들과 대화할 때 | 학교 수업 때 | 다른 사회생활 중 |
|---|---|---|
| | | |
| | | |
| | | |

나의 소통 One Change!

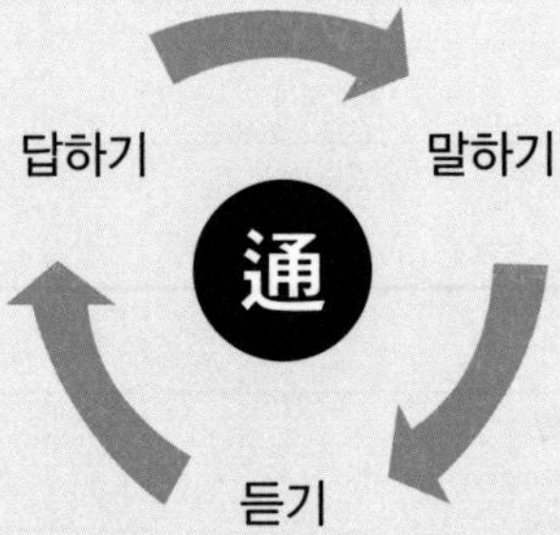
답하기
말하기
通
듣기

15

# 이렇게 답하라!

## ●수업 열기●
## "동굴에서 광장으로!"

| | |
|---|---|
| ●입장 | 큰 소리로 인사하며 |
| ●짝꿍 옆에 앉는다. | 잘 알지 못하는 동료가 좋은 짝꿍이다. |
| ●구호 | "Let's 통!" "반미고잘!" |
| ●존재 확인(출석 체크) | 교수님의 호명에 아무 말이나 한마디로 대답한다.<br>(소통과 관련한 명언 등) |
| ●짝꿍 소통 | 짝꿍과 소통을 연습한다. 마주 보며, 명확하게!<br>① 먼저 웃으면 진다[1)]<br>② 지는 가위바위보[2)]<br>③ 폰 스토리텔링[3)]<br>④ 끝말잇기[4)]<br>⑤ 단어 스토리텔링[5)]<br>⑥ 동작 스피치[6)] |
| ●통통 인터뷰 | 매주 동료 2명 이상과 3분씩 인터뷰를 해서 내용을 기록한다.<br>이번 학기 목표 30명–수업 동료 25명, 교수와 직원 5명. |
| ●침묵 스피치 | 교실 탁자 앞에 나가 30초간 청중을 바라보고 들어간다. 익숙해진 후에는 인사나 인사말도 해 본다. 자원해서 나오도록 한다. |

1) 얼굴을 마주 서로 바라본다. 먼저 웃으면 진다. 3판.
2) 가위바위보 3판. 지는 사람이 이긴다. 진 사람은 "만세!", 이긴 사람은 박수!
3) 스마트폰의 사진 한 장을 골라 1분간 설명해 주고 궁금한 점을 묻는 질문에 답해 준다. 교대로.
4) "학교" "교실" "실내화"…처럼 끝말잇기
5) A가 단어를 말하고 그 단어를 이용해 한 문장으로 이야기를 한다. B가 단어를 말하고 그 단어를 이용해 한 문장으로 이야기를 한다. 단, 앞 뒤 이야기가 동화처럼 맥을 이뤄야 한다. 다음 단계에서는 A가 먼저 이야기를 한 다음에 단어를 말해 준다. B는 그 단어를 이용해 이야기를 잇고, 다음 단어를 말해 준다.
6) 바디 랭기지로 어떤 이야기를 나눈다. 나중에 표현 내용을 서로 확인해 본다. 3회 이상 메시지가 오가야 한다.

## 1. 답하기(반응하기) 원칙

소통은 쌍방적이어야 한다. 한 사람은 말하고, 한 사람은 듣기만 하는 행위는 반쪽 소통이다. 소통에는 영수증이 필요하다. 상대방의 말에 적절한 반응을 보일 때 순환적인 소통이 시작된다.

| 항목 | 메모 |
|---|---|
| (1)<br>상대방의 말에<br>긍정적인 반응을 하라! | |
| (2)<br>상대방의 말에 적극적으로<br>피드백을 하라! | |
| (3)<br>상대방의 말에<br>질문을 하라! | |

## 2. 피드백의 종류[7)]

| (1) 무의미한 피드백 | (2) 학대적 피드백 | (3) 교정적 피드백 | (4) 지지적 피드백 |
|---|---|---|---|
| 경청하지 않음 | 비판적인 감정 | 가르치려 함 | 공감함 |

7) 리처드 윌리암스, 피드백 이야기

## 3. 반응의 법칙들

물병을 흔들면 변화가 없지만, 콜라병을 흔들면 가스와 거품이 활성화한다. 누군가 내게 이야기를 걸어올 때 물이 될 것인가, 콜라가 될 것인가? 반응에는 여러 방법이 있다.

(1) 몰입의 법칙: 몸과 얼굴, 눈을 상대방에게 집중한다.

(2) 부채질 법칙: 화로에 불이 더 타오르게 부채질 하듯, 이야기하는 사람을 신나게 해 준다.

(3) 앵무새 법칙: 상대방이 한 이야기를 따라서 한다. (Repeat)

(4) 확인의 법칙: 사실인지 확인이 필요한 경우 되묻는다.

(5) 공감의 법칙: 생각이나 느낌이 같음을 여러 간단한 방법으로 표현한다.

(6) 질문의 법칙: 많이 궁금하지 않더라도 관심을 표하기 위해 물어본다.

## 4. 최악의 반응, 최고의 반응

| | |
|---|---|
| ① 내가 이야기를 할 때 기분을 나쁘게 하는 상대방의 태도, 반응, 맞장구는? | |
| ② 내가 이야기를 할 때 기분을 좋게 하는 상대방의 태도, 반응, 맞장구는? | |

## 5. 맞장구 1, 2, 3 법칙

(1) 한 번 말하고

(2) 두 번 듣고

(3) 세 번 맞장구쳐라

## 6. "당연하지!"

짝꿍과 교대로 다음과 같은 방식의 대화를 나눠 보자. A가 B에게 질문을 하면 B는 무조건 "당연하지!"라고 답한다. A는 자신에게 유리한 질문을 할 수 있다.

A: "오늘 점심 사줄 거지?"

B: "당연하지!"

## 7. 발언의 주도권

(1) 발언의 주도권이 어느 한 쪽에 있는 경우에는 위의 경우처럼 듣는 사람은 '조연' 역할에 충실한 것이 좋다.

(2) 발언의 주도권이 서로에게 있는 경우에는 주도권을 적절히 주고받아야 한다. 상대방의 시간을 침범하지 않도록 주의해야 한다. 이 경우에도 적절한 반응을 해 주면서 발언 기회를 얻어야 한다.

## 8. 긍정적으로 반응하기 연습

짝꿍과 어제 있었던 일에 대해 2분 정도 교대로 이야기한다.

(1) 상대방에게 가슴을 향하고 시선을 집중한다.

(2) 상대방의 말에 고개를 끄덕이며 이야기를 듣고 있음을 표현한다.

(3) 상대방이 더 열심히 이야기하도록 적절한 추임새나 맞장구를 쳐 준다. 이야기의 흐름이 끊어지지 않도록 주의해야 한다. "그래?" "맞아!" "정말?" "그랬구나!" "참 재미있네." "그래서?" 등 목소리와 표정에 같은 감정이 담겨야 한다. 엄지척도 좋다.

(4) 상대방이 사용한 중요한 단어를 다시 언급하거나, 궁금한 내용에 대해서는 물어본다. 긴 설명이 필요한 질문은 이야기의 흐름이 끊어지지 않도록, 이야기를 마친 후 물어보는 게 좋다. 이야기를 적극적으로 듣고 있음을 표현해 주는 게 중요하다.

(5) 맞장구는 작게, 낮게, 짧게, 한 박자 늦게 하는 게 좋다.

## 9. 공감적 반응하기 연습

A가 말하자 B가 답했다. 나라면 어떻게 답하겠는가?

| A의 말 | B의 반응 | 나라면? |
|---|---|---|
| (1) "달이 밝네요." | "보름달이니까 밝죠." | |
| (2) "나 버스 잘못 타서 1교시 수업에 지각했어." | "그러니까 번호를 잘 보고 다니랬잖아! 내 언젠가 그럴 줄 알았다니까!" | |
| (3) "나 방금 수업 시간에 교수님이 질문하셨는데 답변을 못했어." | "그러니까 수업 시간에 딴 짓 하지 말아야지." | |
| (4) "제 실력으로는 A회사는 아무래도 포기해야 할 것 같아요. 그냥 졸업하고 나서 찾아보죠, 뭐. 속 편하게 생각하기로 했어요." | "네가 A 회사 들어가는 게 자신이 없구나." "무슨 소리니? 그런 자세로는 졸업 후에도 어려워!" | |

## 10. 질문하기

(1) 질문은 상대방의 이야기에 가장 집중하고 있는 사람만이 보여 줄 수 있는 유익한 피드백이다.

(2) 개인적인 대화나 수업에서 질문이 왜 필요한가?

① 상대방의 메시지를 명확히 확인할 수 있다.
② 내가 무엇을 모르는지 알 수 있다.
③ 몰랐던 걸 알게 된다.
④ 최선의 답을 찾아낼 수 있다.
⑤ 상대방이 모르는 걸 깨닫게 해 줄 수 있다. 즉, 가르칠 수 있다.

(3) 닫힌 질문보다 열린 질문으로

① 닫힌 질문: 상대방이 "예" "아니오" 정도로만 답할 수 있다. 답변할 범위가 좁다. 영어로 "Do you ~~~?" 같은 형식이 여기에 해당된다.
② 열린 질문: 상대방이 자기 생각을 넓게 서술할 수 있다. 영어로 의문사를 쓰는 "What do you ~~~?" 같은 형식이 여기에 해당된다.

(4) 질문을 하는 이유는 최적의 답을 찾아내기 위해서다. 어찌 보면 공감적 반응도 이를 위해서다.

## 11. 그들은 왜 질문을 못했을까?

오바마 전 대통령이 G20 서울정상회담 폐막식에서 한국 기자들에게 질문 발언권을 주었는데, 아무도 질문하지 못한 부끄러운 사건이 있었다. 학생들은 왜 수업 때 질문을 하지 않을까? 그 원인을 생각해 보자.

| | | | |
|---|---|---|---|
| | | | |

## 12. 아몬드의 비밀

마을버스에 동네 할머니가 탔다. 열심히 운전을 하고 있는데, 뒤의 할머니가 기사 어깨를 살짝 두드렸다. 그러면서 아몬드를 한웅큼 넘겨 주었다. 기사는 고맙다고 인사를 하고 아몬드를 맛있게 먹으며 운전을 하고 있는데, 또 아몬드를 주는 것이었다. 기사가 물었다. "할머니, 감사합니다만, 왜 자꾸 아몬드를 주시는 거예요?" 할머니 왈, "우린 이가 약해서 아몬드를 씹을 수가 없어서요." "그런데 왜 아몬드를 사셨어요?" "그래서 초콜렛만 빨아먹고 아몬드는 기사님한테 주는 거예요." 질문과 기침은 참는 게 아니다.

나의 소통 One Change!

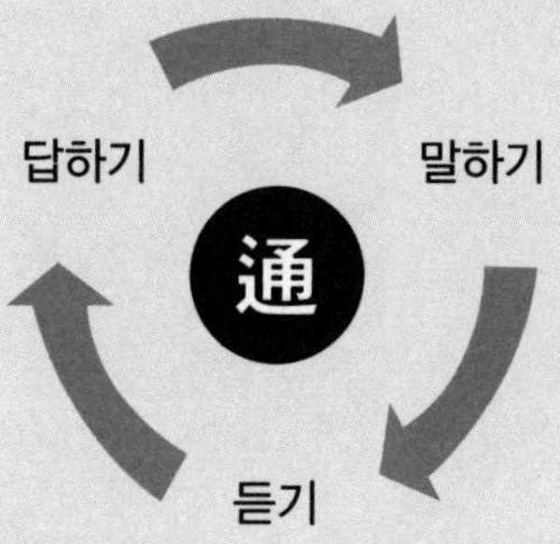
말하기
듣기
답하기
通

제 5 부

# 소통 연습

# Let's 通!

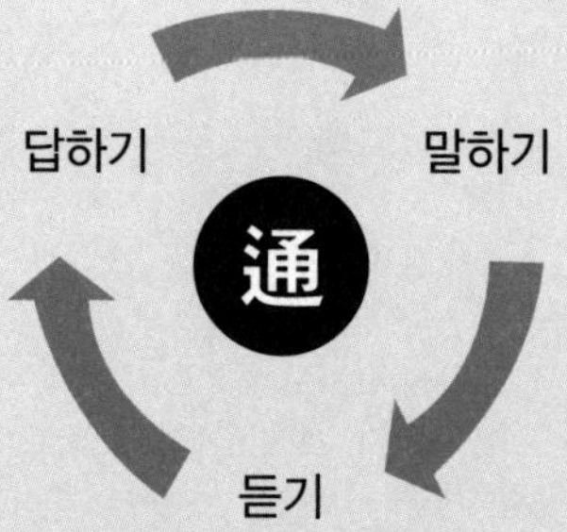
답하기
말하기
通
듣기

# 16 아무말 대잔치

## ●수업 열기●
## "동굴에서 광장으로!"

| | |
|---|---|
| ●입장 | 큰 소리로 인사하며 |
| ●짝꿍 옆에 앉는다. | 잘 알지 못하는 동료가 좋은 짝꿍이다. |
| ●구호 | "Let's 통!" "반미고잘!" |
| ●존재 확인(출석 체크) | 교수님의 호명에 아무 말이나 한마디로 대답한다.<br>(소통과 관련한 명언 등) |
| ●짝꿍 소통 | 짝꿍과 소통을 연습한다. 마주 보며, 명확하게!<br>① 먼저 웃으면 진다[1]<br>② 지는 가위바위보[2]<br>③ 폰 스토리텔링[3]<br>④ 끝말잇기[4]<br>⑤ 단어 스토리텔링[5]<br>⑥ 동작 스피치[6] |
| ●통통 인터뷰 | 매주 동료 2명 이상과 3분씩 인터뷰를 해서 내용을 기록한다.<br>이번 학기 목표 30명-수업 동료 25명, 교수와 직원 5명. |
| ●침묵 스피치 | 교실 탁자 앞에 나가 30초간 청중을 바라보고 들어간다. 익숙해진 후에는 인사나 인사말도 해 본다. 자원해서 나오도록 한다. |

1) 얼굴을 마주 서로 바라본다. 먼저 웃으면 진다. 3판.
2) 가위바위보 3판. 지는 사람이 이긴다. 진 사람은 "만세!", 이긴 사람은 박수!
3) 스마트폰의 사진 한 장을 골라 1분간 설명해 주고 궁금한 점을 묻는 질문에 답해 준다. 교대로.
4) "학교" "교실" "실내화"…처럼 끝말잇기
5) A가 단어를 말하고 그 단어를 이용해 한 문장으로 이야기를 한다. B가 단어를 말하고 그 단어를 이용해 한 문장으로 이야기를 한다. 단, 앞 뒤 이야기가 동화처럼 맥을 이뤄야 한다. 다음 단계에서는 A가 먼저 이야기를 한 다음에 단어를 말해 준다. B는 그 단어를 이용해 이야기를 잇고, 다음 단어를 말해 준다.
6) 바디 랭기지로 어떤 이야기를 나눈다. 나중에 표현 내용을 서로 확인해 본다. 3회 이상 메시지가 오가야 한다.

## 1. 아무말 대잔치

(1) 모두 한 번씩 전체 앞에서 이야기를 해 본다.

(2) 내용에 제한은 없다.

① 예화
② 유머
③ 체험담
④ 나 자랑
⑤ 퀴즈 진행
⑥ 동영상
⑦ 예술 작품
⑧ 애장품
⑨ 그밖에

(3) 짧아도 좋다. 의미와 재미가 있으면 된다.

(4) 발표자는 말하기 연습을 하고, 청중은 공감하고 반응하는 연습을 한다.

## 2. 청중 앞에서 자신감 회복하기

- 세상의 주어는 나(I)!
- 장단점 질량불변의 법칙: 사람은 누구나 그의 장점(+)과 단점(−)을 합치면 '0'이 된다. 다시 말해, 사람은 누구나 장점만큼 단점이 있다. 장점만 있는 사람, 단점만 있는 사람은 없다.
- 남과 자신을 비교하지 마라. 어제의 나와 오늘의 나를 비교하라.
- 남들이 나를 어떻게 생각하느냐보다 중요한 것은 내가 나를 어떻게 생각하느냐다.
- 초보운전자라도 경험을 쌓으면 잘 할 수 있다. 그러나 자동차 기어를 중립에 놓으면 차는 나가지 않는다.
- 잘 못한 것만 반성하려 하지 말고, 잘 한 것도 생각하라.
- 실패했다고 규정하는 것이야말로 실패다. 실수를 실패로 여겨서는 안 된다.
- 나는 반드시 잘 해야 한다. 실수하면 안 된다는 생각은 비합리적인 생각이다. 사람은 누구나 실수한다.
- 남이 발표하면서 실수할 때 청중인 나는 무슨 생각을 하는가? 내가 발표하면서 실수할 때도 다른 청중들은 나와 비슷한 생각을 한다. 청중은 적이 아니다. 청중을 믿어라.
- 발표할 때 왜 떨리는가? 내 생각이 아니어서, 내가 드러나는 게 싫어서, 누군가 발표 내용을 따질 것 같아서.
- 처음 3분이 가장 당황스럽다. 시간이 지날수록 진정된다.
- 떨림과 설렘은 똑같은 것이다. 떨림을 설렘으로 인식하라.
- 떨림은 불안감에서, 설렘은 자신감에서 나온다.
- 준비가 부족했다? 다음엔 철저히 준비하면 된다.
- 죄를 짓지 않았는데 왜 부끄러워하는가? 남의 시선을 의식하지 말라.
- 내가 선택한 것만 부끄러워하라. 주어진 것은 자랑하지도, 부끄러워하지도 말라. 외모나 목소리는 선택한 것이 아니다.
- 목소리 떨림은 음악적으로는 멋진 비브라토(Vibrato)!
- 발표를 망칠 수도 있다. 그렇다고 해서 그게 어디 앓아누울 일인가?
- 타고난 이야기꾼은 없다. 경험이 이야기꾼을 만든다.
- 지난주 발표 때 내 옷 색깔은 무엇이었는가? 아무도 기억하지 못한다. 남들은 내게 그다지 신경 쓰지 않는 게 분명하다. 청중을 두려워하지 말라.
- 정말 떨리는가? 정말 얼굴이 빨개지는가? 관찰해 보고 확인하라. 사실이 아닐 수 있다.
- 남들도 대체로 그렇게 생각할까 물어봐라. 당신만 그렇게 생각한다면 그건 비합리적인 생각이다.
- 수영을 하려면 일단 물에 들어가야 한다. 발표를 하려면 청중 앞에 자주 서 봐야 한다.
- '부담'을 다른 말로는 '기대'라 한다.
- 떨면 지고 설레면 이긴다.
- 남의 장점과 내 단점을 비교하는 것처럼 멍청한 짓도 없다.
- 아직 안 해봐서 못할 뿐이다. 그렇다면 하면 된다.
- 삶에 자신감이 넘쳐야 말에도 자신감이 넘친다.
- 행동한 것에 대한 후회는 5%이고, 행동 안 한 것에 대한 후회는 95%라고 한다. 그렇다면 후회를 하더라도 일단 해 보자.

## 3. 청중 앞에서 자신 있게 발표하기 23계명

1. 주제에 충실하라!
2. 뻔한 이야기는 피하고, 청중이 공감할 수 있는 편한(fun) 이야기를 하라!(의미+재미)
3. 낯설면 떨린다. 같은 장소(장비), 같은 분위기에서 실전처럼 리허설을 하라!
4. 청중을 믿어라. 청중은 수영 선수를 뜨게 해 주는 물 같은 존재다. 청중을 믿어야 내가 뜬다.
5. 최적의 발표 환경을 조성하라! 음향, 영상, 조명 등 장비를 미리 점검하라!
6. 할까 말까 할 때에는 하라. 발표는 마음먹기다. 이왕 할 거면 앞 순서에 적극 나서라!
7. 자기 암시문으로 나를 격려하고 나를 믿어라. 실수를 예상하지 말고 성공을 상상하라!
8. 시작하기 전에 심호흡을 하라! 불안감은 내쉬고 자신감은 들이마셔라!
9. 말로 하는 인사와 몸으로 하는 인사를 구분하라. 밝은 표정으로 인사하라!
10. 처음 3분을 잘 버텨라. 잘 아는 동료를 바라보며 시작하라!
11. 내가 원본이다! 대본을 찢어 버려라. 청중과 나 사이에 아무 것도 끼어들지 못하게 하라!
12. 남과 비교하지 마라. 마음을 비우고 편하게 표현하라!
13. 청중과 상호작용하라. 청중이 반응하게 하고, 그 반응을 살펴라!
14. PPT에 의존하지 마라. 스크린은 뒤로 하고 청중을 바라보라!
15. 잘 들리게 또박또박 말하라. 무엇을 말하느냐보다 얼마나 잘 전달하느냐가 중요하다!
16. 표현의 시차를 극복하라! 말하는 속도, 읽는 속도, 보는 속도는 다르다. 청중이 해석하고 이해할 수 있는 빠르기로 말하라!
17. '미, 솔, 도'로 말하라! 목소리의 높낮이를 효과적으로 구사하라!
18. 몸짓도 언어다! 표정, 손짓, 도구 등을 적절히 활용하라!
19. 발표 후에는 반드시 복기를 하라! 녹음, 녹화를 해서 보고 들어야 더 잘할 수 있다.
20. 경험이 보약이다. 안 해 봐서 못할 뿐이다. 자꾸 해 봐라!
21. 제 시각에 시작해서 제 시각에 마쳐라! 그래야 박수받는다!
22. 모르는 사람에게도 인사하라. 인사는 말하기의 문(門)이다!
23. 질문도 발표다. 모르면 당돌하게 물어라!

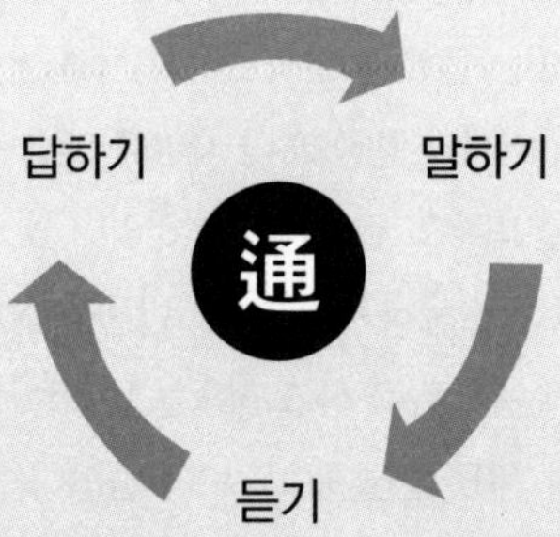

말하기
듣기
답하기
通

# 이럴 때에는 이렇게 말하자!

17

## •수업 열기•
## "동굴에서 광장으로!"

| | |
|---|---|
| •입장 | 큰 소리로 인사하며 |
| •짝꿍 옆에 앉는다. | 잘 알지 못하는 동료가 좋은 짝꿍이다. |
| •구호 | "Let's 통!" "반미고잘!" |
| •존재 확인(출석 체크) | 교수님의 호명에 아무 말이나 한마디로 대답한다.<br>(소통과 관련한 명언 등) |
| •짝꿍 소통 | 짝꿍과 소통을 연습한다. 마주 보며, 명확하게!<br>① 먼저 웃으면 진다[1)]<br>② 지는 가위바위보[2)]<br>③ 폰 스토리텔링[3)]<br>④ 끝말잇기[4)]<br>⑤ 단어 스토리텔링[5)]<br>⑥ 동작 스피치[6)] |
| •통통 인터뷰 | 매주 동료 2명 이상과 3분씩 인터뷰를 해서 내용을 기록한다.<br>이번 학기 목표 30명–수업 동료 25명, 교수와 직원 5명. |
| •침묵 스피치 | 교실 탁자 앞에 나가 30초간 청중을 바라보고 들어간다. 익숙해진 후에는 인사나 인사말도 해 본다. 자원해서 나오도록 한다. |

1) 얼굴을 마주 서로 바라본다. 먼저 웃으면 진다. 3판.
2) 가위바위보 3판. 지는 사람이 이긴다. 진 사람은 "만세!", 이긴 사람은 박수!
3) 스마트폰의 사진 한 장을 골라 1분간 설명해 주고 궁금한 점을 묻는 질문에 답해 준다. 교대로.
4) "학교" "교실" "실내화"…처럼 끝말잇기
5) A가 단어를 말하고 그 단어를 이용해 한 문장으로 이야기를 한다. B가 단어를 말하고 그 단어를 이용해 한 문장으로 이야기를 한다. 단, 앞 뒤 이야기가 동화처럼 맥을 이뤄야 한다. 다음 단계에서는 A가 먼저 이야기를 한 다음에 단어를 말해 준다. B는 그 단어를 이용해 이야기를 잇고, 다음 단어를 말해 준다.
6) 바디 랭기지로 어떤 이야기를 나눈다. 나중에 표현 내용을 서로 확인해 본다. 3회 이상 메시지가 오가야 한다.

## ■ 이럴 때는 이렇게 말하자!

우리는 일상에서 다양한 상황을 접하고, 다양한 사람을 만난다. 그러나 그 상황에 어떻게 대처하고 그들에게 어떻게 표현을 해야 할지 몰라 당황해 하는 경우가 적지 않다. 다음과 같은 점에 유의한다면 상황에 효과적으로 대처할 수 있을 것이다.

| 상황 | 대처 방법(표현 방법) |
|---|---|
| 인사[7] | ① 인사는 자존심 대결이 아니라 커뮤니케이션의 시작이다. 먼저 본 사람이 먼저 인사하라. "먼저 인사하는 사람이 형이다."<br>② 호칭을 말하면 더 정겹다.<br>③ 입으로만 하지 말고 밝은 표정, 손짓, 고개 숙이기도 함께 하라.<br>④ 틀에 박힌 인사는 감동을 주지 못한다.<br>⑤ 모르는 사람에게도 가볍게 인사를 하라. 인사를 하면 아는 사람이 된다.<br>⑥ 다른 사람의 인사에 적극 반응하라.<br>⑦ 인사를 안 하는 건 상대방과 자신을 투명인간으로 보거나, 존재 자체를 부정적으로 보는 표현이 된다. |
| 사과 | ① 적시에 하라. 늦어질수록 사과하기도, 상대방이 수용하기도 어려워진다.<br>② 당사자에게 직접 하라.<br>③ 무엇이 잘못되었는지 구체적으로 말하라.<br>④ 잘못에 적정한 수준으로 하라.<br>⑤ 입으로만 하지 말고 진정성 있게 하라.<br>⑥ 같은 실수를 반복하지 말아라. |
| | 〈5단계 사과〉<br>① 유감: "미안합니다."<br>② 책임: "제 책임입니다."<br>③ 보상: "어떻게 해 드려야 할까요?"<br>④ 뉘우침: "다시는 안 그러겠습니다."<br>⑤ 용서 요청: "저를 용서해 주세요."<br><br>사안의 경중에 맞춰 적정한 수준으로 사과한다.<br>만약 3단계라면 1단계, 2단계, 3단계 순서로 사과하는 게 좋다. |

7) 우리가 자주 사용하는 인사말에 "반갑습니다!(I'm glad to see you!)"와 "안녕하세요?(How are you?)"가 있다. 가만히 생각해 보면 "반갑습니다!"는 건 당신을 만나서 내가 반갑다는 나의 상태에 대한 표현이다. 그러나 "안녕하세요?"는 상대방의 안부를 묻는 말이다.
헤어지면서 나누는 인사말에도 "잘 가요!(Good bye!)"와 "또 만나요!(See you again!"이 있다. "잘 가요!"는 가라는 인사이지만, "또 만나요"는 다시 만나자는 인사다. 굳이 뜻을 따지자면 그렇다는 것이다. 상대방의 입장을 생각해 본다는 점에서 나름 의미가 있다고 본다.

| | |
|---|---|
| | 〈3단계 사과〉<br>① 사과한다. "진심으로 사죄…."<br>② 상대방의 고통 공감, 화를 받아들인다. "당연히 그래서는 안 될 일…."<br>③ 상대방이 사과를 받아들이면 "용서해 주셔서 감사…. 앞으로…."<br><br>〈잘못된 사과〉<br>① 사과 내용이 빠진 사과: "죄송합니다." "미안합니다."<br>② 가정법 사과: "~했다면 유감입니다." |
| 감사 | ① 적시에 하라. 그래야 효과가 있다.<br>② 당사자에게 하라.<br>③ 무엇이 고마운지 구체적으로 말하라.<br>④ 이왕이면 화끈하게 하라.<br>⑤ 기억하고 기록하고 잊지 말아라. 잊으면 배은망덕이 된다.<br>⑥ 언젠가 갚아라. 다른 사람에게 베풀어라. |
| 칭찬, 격려 | ① 즉시 하라. 그래야 긍정적인 행동을 지속하고 싶어진다.<br>② 뜻밖에 칭찬하라.<br>③ 칭찬의 이유를 구체적으로 말하라.<br>④ 보상도 함께 하라. 그래야 다른 사람도 따라서 하고 싶어진다.<br>⑤ 사람 다루는 기술로는 활용하지 말라.<br>⑥ 필요하다면 본인 부재중에 뒤에서 칭찬해도 좋다.<br>⑦ 다음 목표를 제시해도 좋다.<br>⑧ 자기 자신도 칭찬하고 격려하라. 혼자서라도.<br>⑨ 이런 칭찬을 피하라. 어설픈 칭찬, 습관성 칭찬, 사실과 다른 칭찬, 누구에게나 똑같은 내용의 칭찬, 앞에서는 칭찬하고 뒤에서는 비난하기. |
| 꾸중 | ① 즉시 하라. 그래야 행동이 변화한다.<br>② 잘못된 사실을 구체적으로 지적하라.<br>③ 가급적 관중을 두지 말라.<br>④ 여럿이 한 사람을 꾸중하지 말라.<br>⑤ 한 번에 끝내라.<br>⑥ 화내지 말라(꾸중 = 화내기?).<br>⑦ I-Message로 하라. |
| 축하 | ① 즉시 하라.<br>② 깜짝 이벤트가 좋다.<br>③ 화끈하게 하라.<br>④ 불가피하게 참여 못할 시에는 개인적으로 만나서 축하하라. |
| 방문 | ① 예고 없이 '쳐들어가기'는 실례.<br>② 사전에 용건, 시각, 소요 시간 등 양해를 얻어라.<br>③ 식사 시간, 이르거나 늦은 시간대는 피하라. |

| | |
|---|---|
| 문병 | 〈병문안〉<br>① 구체적인 병명, 내용은 묻지 말라.<br>② 환자의 상태(식사, 통증) 등에 관심 가져라.<br>③ 다른 환자의 사례 비교는 금물이다.<br>④ 소식을 듣고 자신이 놀란 점, 쾌유를 비는 말, 가족 위로, 앞으로 계획, 무엇을 도와줄지 등을 물어라.<br>⑤ 같은 병실의 다른 환자도 위로하라. |
| | 〈사고 부상〉<br>① 사고 경위에 대해 여러 번 질문하지 마라.<br>② 환자의 상태(식사, 통증) 등에 관심을 가져라.<br>③ 소식을 듣고 자신이 놀란 점, 쾌유를 비는 말, 가족 위로, 앞으로 계획, 무엇을 도와줄지 등을 물어라.<br>④ 같은 병실의 다른 환자도 위로하라. |
| 문상 | 〈주의할 점〉<br>① 복장(정장차림, 어두운 색깔)<br>② 고인, 상주의 종교의식 존중<br>③ 마음 준비(감정이입, 표정관리)<br><br>〈위로의 말〉<br>"위로드립니다." "얼마나 마음이 아프십니까?" "어쩌다가 갑자기…." "더 오래 사셨어야 하는데…."<br>"지난번에 뵈었을 때 정정하셨는데…." "생전에 찾아 뵈었어야 하는데…."<br><br>〈하지 말아야 할 말〉<br>① "사실 만큼 사셨네요. 호상이네요."<br>② 아무 말도 안 하는 것도 좋다.<br><br>〈헌화, 분향〉<br>① 고인에게 절하기는 안내에 따라서<br>② 유족과 악수 청하기는 하지 않기<br>③ 상주에게 절하기는 안내에 따라서<br>※ 휴대전화는 반드시 꺼 놓을 것 |
| 도움<br>요청<br>(부탁) | 〈도움 요청을 꺼리는 이유〉<br>① 거절당할 것이 두려워서<br>② 자신의 나약함이 드러날까 봐<br>③ 상대방에게 부담을 줄까 봐<br>④ 도움을 받으면 더 큰 보답을 해야 하므로<br>⑤ 그러나 개인의 역할이 전문화하고 분업화한 현대 사회에서 도움을 주고받는 것은 불가피하다.<br><br>〈도움을 요청하기〉<br>① 도움을 받고자 하는 내용을 분명히 하라.<br>② 도움을 요청하기 전에 상대방이 처한 상황을 파악하라.<br>③ 정중하고 설득력 있게 부탁하라. 자신이라면 설득될 수 있을지 생각하라.<br>④ 필요하다면 절충과 협상 기법도 활용하라.<br>⑤ 금액이라면 변제 방법과 시기를 명확히 하라.<br>⑥ 거절로 인해 관계가 악화되지 않도록 하라. |

| | |
|---|---|
| 거절 | 부당한 부탁은 반드시 거절해야 한다. 나중에 후회하는 것보다 당장 거절하는 것이 나을 수도 있다. 거절을 해서 망하는 사람보다 거절을 잘 못해서 망하는 사람이 더 많다.<br><br>① 거절을 해야 하는 경우<br>이권 청탁, 돈 유혹, 부모의 요구와 간섭, 상사의 부당한 지시나 요구, 우정이란 이름의 무거운 청탁, 일에 지장을 주는 친구의 만남 요청, 동정심에 호소하는 부탁, 성폭력, 가정 폭력, 의사의 무리한 진료, 원하지 않는 청혼이나 사랑 고백, 죽음을 앞둔 사람의 실현 불가능한 부탁<br><br>② 대응 방법<br>• 상대방의 이야기를 충분히 들어준다.<br>• 부탁하는 사람의 심리상태를 읽고 공감하라. 부탁을 들어주고 싶은 마음을 적극 표현하라.<br>• 큰 어려움이 없다면 기꺼이 들어 주고 들어주지 못한다면 사정을 설명하라.<br>• 단호하게 거절하고, 다음을 기약하라.<br>• 탄로날 거짓말이나 핑계로 거절하지 마라.<br>• 돈 문제인 경우 가족과 협의하라.<br>• 다른 부분으로 도울 수 있는 방법도 강구하라. |
| 충고, 조언 | 애정 있는 지적은 충고이고, 애정 없는 지적은 비난이다.<br><br>① 화내는 것<br>• 자신의 감정이나 상황에서 비롯된 자기 중심적 행위<br>−자신의 기분에 따라 호통치고, 상대방의 처지를 무시한다.<br>• 가시 돋친 말을 한다.<br>• 힘으로 압력을 가한다.<br><br>② 충고하는 것<br>• 상대방의 의욕을 불러일으키고 성장을 촉진시킨다.<br>• 부정적인 면을 고치게 해 준다.<br>• 상대방을 배려한다.<br><br>③ 충고의 조건<br>• 다른 사람이 없을 때 하라.<br>• 사실과 원인을 확인하고 하라.<br>• 상대방이 받아들일 수 있을 때 충고하라.<br>• 상대방이 수긍할 수 있는 사항에 대해 충고하라.<br>• 지적만 하지 말고 대안을 제시하라.<br>• 감정을 배제하고 사실 위주로 말하라.<br>• 긍정적인 면을 평가하면서 충고하라.<br><br>④ 상대방이 요청하지 않는 충고는 피하는 것이 좋다. |
| | ① 동의하기 어려운 제안에 대처하기<br>• Yes: 일단 긍정하라. “일리가 있습니다.”<br>• Earnest: 심사숙고하라.<br>• Suggestion: 대안을 제시하라. |

| | |
|---|---|
| 항의 | 〈항의하기〉<br>① 감정을 자제하라.<br>② 문제점을 정확히 지적하고, 해결에만 집중하라. |
| | 〈항의에 대처하기〉<br>① 항의자의 화가 풀릴 때까지 대응하지 말고 경청하라.<br>② 미안함을 표현하고 사과하라.<br>③ 불가피했음을 설명하고 양해를 구하라.<br>④ 항의한 내용을 절충하여 해결하라. |
| 발표하기 | ① 상대방을 존중하는 태도를 갖춰라.<br>② 커뮤니케이션 목표를 명확히 하라.<br>③ 좋은 상황을 만들어라. (심리적, 물리적)<br>④ 메시지를 스스로 이해하고 확신하라.<br>⑤ 상대방을 이해하라.<br>⑥ 상대방에게 맞게 표현하라.<br>⑦ 모든 수단을 총동원하라.<br>⑧ 반응을 확인하고, 순환적 쌍방향 관계를 만들라. |
| 자기 소개 | 〈상대방이 궁금해할 만한 것을 우선적으로 말하기〉<br>① 배경: 출생, 성장배경, 가족사항<br>② 목표: 장기적 목표, 단기적 목표, 장래희망<br>③ 장점:목표 달성에 도움 되는 성격이나 재능<br>④ 단점: 목표 달성을 위헤 극복해야 할 성격이나 버릇<br>⑤ 준비: 목표 달성을 위해 현재까지 해 온 일<br>⑥ 미래계획: 앞으로의 계획과 각오 |
| | 〈청중에게 자기 소개하기〉<br>① 청중이 알고 싶어 하는 내용<br>② 내가 알리고 싶은 내용<br>③ 나를 각인시키기<br>④ 이름을 기억시키기<br>⑤ 주어진 시간 안에 마치기 |
| 낯선 이에게 말 걸기 | ① 자연스러운 인사, 인사말 나누기<br>② 풍부한 화제거리 준비<br>③ 좋은 인상 남기기(강렬함보다 편안함)<br>④ 상대방 존중-상대 이름 정확히 외우기, 문화나 종교적 배경에 주의 |
| | ① 말을 걸 때: "실례합니다…."<br>② 의뢰할 때: "죄송합니다만…."<br>③ 질문할 때: "잠시 말씀 좀 여쭙겠습니다…." |

| | |
|---|---|
| 첫인사 | 〈스스로 나를 남에게 소개하기〉<br>① 밝은 이미지로 기억하게 소개하라.<br>② 잊지 못할 특별한 상황을 만들라.<br>③ 기억하기 좋게 이름 뜻을 풀이해 줘라. (삼행시)<br>④ 명함을 건네라. (상대방이 받기 편한 방향으로) |
| | 〈다른 사람을 소개받기〉<br>① 반갑게 맞이하라.<br>② 상대방 명함의 내용에 관심을 가져라. 소리 내서 읽어라.<br>③ 명함 내용 중 궁금한 것은 물어봐라.<br>④ 받은 날짜 등을 기록해 둬라.<br>⑤ 받은 명함을 소중히 하라. (명함집에 넣기)<br>⑥ 자신과 공통점을 찾아라. |
| | 〈명함 받기〉<br>① 양손으로 받아 든다.<br>② 소리 내서 읽는다. (반응하기)<br>③ 인사를 한다.<br>④ 명함집에 소중히 넣는다. |
| 호칭 | ① 호칭은 부르는 사람과 불리는 사람을 이어주기도 하고 떨어지게도 한다. "아무개 씨" "아무개 형" "아무개 팀장"은 전혀 다른 것이다.<br>② 호칭은 사적인 만남에서는 상대방이 원하는 것이 좋다. 그러나 공적인 자리에서는 그 상황에 적절한 것이어야 한다. |
| 절교<br>(헤어짐) | ① 상대방에 대한 긍정적 대응, 상대 탓하지 않기<br>② 자신의 부족함과 불가피한 사정 설명하기<br>③ 주위로부터 상처받지 않게 하기<br>④ 상대에게 중요한 물건 돌려 주기<br>⑤ 상대방이 먼저 떠나도록 배려하기<br>⑥ 교제 과정에서 알게 된 개인정보 지켜 주기 |

나의 소통 One Change!

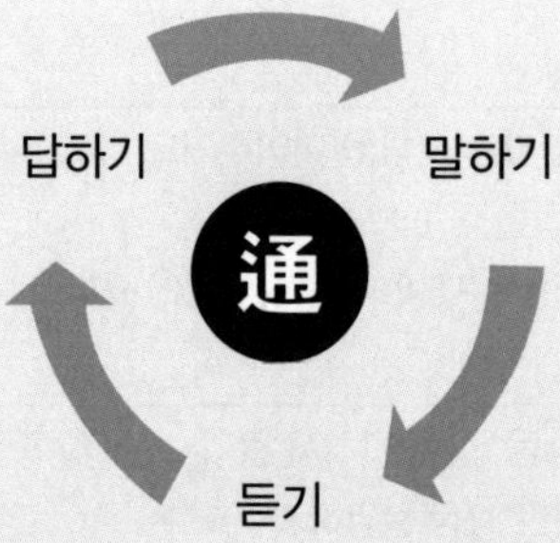
답하기
말하기
通
듣기

# 이럴 때에는 어떻게 말하지?

18

## ●수업 열기●
## "동굴에서 광장으로!"

| | |
|---|---|
| ●입장 | 큰 소리로 인사하며 |
| ●짝꿍 옆에 앉는다. | 잘 알지 못하는 동료가 좋은 짝꿍이다. |
| ●구호 | "Let's 통!" "반미고잘!" |
| ●존재 확인(출석 체크) | 교수님의 호명에 아무 말이나 한마디로 대답한다.<br>(소통과 관련한 명언 등) |
| ●짝꿍 소통 | 짝꿍과 소통을 연습한다. 마주 보며, 명확하게!<br>① 먼저 웃으면 진다[1)]<br>② 지는 가위바위보[2)]<br>③ 폰 스토리텔링[3)]<br>④ 끝말잇기[4)]<br>⑤ 단어 스토리텔링[5)]<br>⑥ 동작 스피치[6)] |
| ●통통 인터뷰 | 매주 동료 2명 이상과 3분씩 인터뷰를 해서 내용을 기록한다.<br>이번 학기 목표 30명–수업 동료 25명, 교수와 직원 5명. |
| ●침묵 스피치 | 교실 탁자 앞에 나가 30초간 청중을 바라보고 들어간다. 익숙해진 후에는 인사나 인사말도 해 본다. 자원해서 나오도록 한다. |

1) 얼굴을 마주 서로 바라본다. 먼저 웃으면 진다. 3판.
2) 가위바위보 3판. 지는 사람이 이긴다. 진 사람은 "만세!", 이긴 사람은 박수!
3) 스마트폰의 사진 한 장을 골라 1분간 설명해 주고 궁금한 점을 묻는 질문에 답해 준다. 교대로.
4) "학교" "교실" "실내화"…처럼 끝말잇기
5) A가 단어를 말하고 그 단어를 이용해 한 문장으로 이야기를 한다. B가 단어를 말하고 그 단어를 이용해 한 문장으로 이야기를 한다. 단, 앞 뒤 이야기가 동화처럼 맥을 이뤄야 한다. 다음 단계에서는 A가 먼저 이야기를 한 다음에 단어를 말해 준다. B는 그 단어를 이용해 이야기를 잇고, 다음 단어를 말해 준다.
6) 바디 랭기지로 어떤 이야기를 나눈다. 나중에 표현 내용을 서로 확인해 본다. 3회 이상 메시지가 오가야 한다.

**■ 우리는 살아가면서 예상하지 못한 상황을 맞이한다. 그때마다 약간의 충격과 당황스러움, 그리고 곤란함 속에서 나중에 후회할 표현을 하는 경우가 있다. "그때 이랬으면 좋았을 것을…." 곤란한 상황에서 어떻게 표현하면 좋을지 살펴보자.**

## 1. 자주 사용하면 좋은 코드들

### 1) "Yes—But"

곤란한 부탁이나 지시를 받았을 때, 일단 긍정적인 반응을 보인 후 다시 거절하는 방법이다.

### 2) "제 생각에는"

단정적으로 주장하지 않고 겸손하고 부드럽게 자기 생각을 밝힌다.

### 3) 샌드위치 화법

곤란한 말을 할 때 샌드위치의 겉 빵처럼 부담 없는 이야기로 시작하여 결론을 말하고 다시 부담 없는 이야기로 마무리하는 방법이다. 경우에 따라 빵의 두께가 달라질 수도 있다.

### 4) "YES"

동의하기 어려운 제안을 받았을 때

(1) Yes: 일단 긍정하라. "일리가 있습니다."

(2) Earnest: 심사숙고하라.

(3) Suggestion: 대안을 제시하라.

### 5) FIW

감정을 상하게 하는 상황이 되었을 때 냉정하게 자기가 할 말을 다하는 방법이다.

(1) Fact Check: 감정을 표현하기 전에 사실부터 확인한다.

(2) I-message: 상대방에 대해 판단하거나 평가하지 않고, 나를 주어로 나의 감정 상태를 표현한다. "왜 때려?"가 아니라 "네가 때리니까 아프다!" 형식이다.

(3) Want: 내가 바라는 것을 명확히 말한다.

**6) 공감하기**

상대방과 같은 기분, 같은 생각임을 먼저 표현함으로써 상대방을 진정시키는 방법이다.

7) 2:8

상대방의 말문을 막지 말고 말할 기회를 많이 주는 방법이다. 2 : 8의 비율로.

**8) "일리" 법칙**

상대 얘기 중 1, 2할 정도는 맞다는 뜻으로 "일리가 있습니다."라고 해 준다.

**9) "나도…." 맞장구**

상대방의 경험에 "사실은 나도 그런 적이 있었어요."라며 공감을 표시한다.

**10) "그런데…."**

화제가 적합하지 않을 때 화제를 바꾸는 방식이다.

## 2. 다음에 해당되는 말에 어떤 것들이 있을까? 예를 들어 보자.

| 내가 자주 소통하는 파트너와 나누는 말 중에서 | 사례(1가지) |
|---|---|
| 상대방을 반발하게 하는 말 | |
| 상대방의 가능성을 좁히는 말 | |
| 하지 않는 편이 더 나은 말 | |
| 상대방에게 상처를 주는 말 | |
| 인간관계를 좋게 해 주는 말 | |

## 3. 다음은 대학생들이 겪는 곤란한 상황들이다. 어떻게 하면 좋을지 생각해 보자.

(1) 내일이 시험인데, 오늘 생일인 남자친구가 오늘 당장 생일 파티를 해 달라고 한다. 나는 시험공부를 하나도 안 해서 오늘만큼은 공부해야 하는데 남자친구는 계속 졸라 댄다.

(2) 나와 친한 친구 두 명이 놀다가 그 친구 둘이 싸우게 되었다. 그래서 한 명씩 상대의 험담을 나에게 하게 된 상황이다. 어떻게 위기를 극복할 것인가?

A: 넌 내 마음 이해하지? 우리가 셋이 놀긴 해도 우리가 더 친했잖아.

B: 야, 걔 짜증 나. 너한테 몇 번 얘기했지만, 우리끼리 놀자니깐?

(3) 평소 작은 돈을 빌려줘도 절대 갚지 않고 모른 척하는 친구가 있다. 그런데 이번에는 꽤 큰 돈을 빌려 달라고 하는데 그 친구는 내가 그 정도의 여유 돈이 있다는 것을 알고 있다. 어떻게 거절할 것인가?

(4) 여자친구와 머리 스타일 문제로 다퉜다. 여자친구는 지금의 머리 스타일이 너무 좋다고 한다. 하지만 나는 머리를 바꿔 보고 싶다. 결국 내 의지대로 머리를 바꿨다. 그랬더니 머리가 완전 이상하다고 토라졌다. 이 기분을 어떻게 풀어 줄 수 있을까?

(5) 술을 마시다가 막차를 타고 집으로 향하는 중 지하철을 갈아타려고 내렸는데 지하철이 끊겼다! 돈도 없고, 핸드폰 베터리도 나가고, 버스카드도 없고, 새벽 2시… 집은 멀고… 어떻게 할 것인가?

(6) 내가 정말 간절히 사고 싶었던 옷을 거금을 들여서 샀다! 친구를 만나 새로 산 옷도 자랑하고 친구의 남자친구 이야기도 나눴다. 둘이 잘 되길 바라고 든든한 지원군이 되어주겠다며 헤어졌다. 어느날 그 친구가 남자친구에게 특별해 보이고 싶다며 새로 산 옷을 빌려 달라고 한다. 친한 친구여서 어렵지 않게 빌려 주었는데 옷에 얼룩이… 드라이로 해결이 안 되는 상황이다. 친구는 드라이 값이나 옷값 반을 물어 주겠다고 하는데 옷값도 비싸고, 그 옷이 품절이 되어 더 이상 구할 수 없는 상황이다.

(7) 나한테 맨날 자기 여자 친구 자랑을 하는 절친한 친구가 있다. 말로만 듣던 그 여자친구를 만나는 날… 이런… 그녀는 나와 몇 년 전 사귀었던 사람이었다. 친구는 이것도 모르고 만

날 때마다 여자친구를 데리고 나온다. 나와 그녀는 아직 모르는 척하며 지내는데… 어떻게 이야기를 해야 하나?

(8) 중요한 수업이 있다. 그런데 시험 대신 리포트로 대체하겠다고 한다. 미처 리포트를 준비하지 못한 나는 친한 친구의 리포트를 참고했다. 리포트 성적이 나왔는데, 나는 점수를 잘 받았다. 근데 내게 리포트를 보여 준 친구는 숙제를 표절했다는 이유로 0점이 나왔다. 어찌 해야 할까?

(9) 당장 내일 중요한 시험이 있다. 근데 가장 친한 친구가 내일 유학을 간다. 그래서 저녁에 만나자고 하는데 나는 공부가 되어 있지 않아 친구를 만나면 시험에 큰 타격이 생길 것 같다. 어떻게 말해야 할까?

(10) 친구가 사업을 하다가 자금이 부족하다며 보증을 서 달라고 한다. 친한 친구였지만 가족들을 생각해 거절했다. 친구는 다행히 위기를 넘겼다. 그런데 몇 달 후 우리집이 날아가게 생겼다. 천상 그 친구에게 보증 좀 서 달라고 부탁을 해야 하는데… (요즘엔 보증 제도가 바뀌었음)

(11) 오늘 처음 만난 사람들과 같이 밥을 먹으러 갔다. 계산서를 보니, 한 사람당 8,000원을 내야 하는데, 수중에 6,000원밖에 없었다. 처음 만난 사람들이어서 다시 만나기도 어려워 빌릴 수도 없고… 게다가 식사 중에 집에서 빨리 들어오라고 전화가 오고 있다. 내가 내야 할 돈을 내고, 밥 덜 먹고라도 먼저 나와야 하는데….

(12) 수업시간에 출석체크만 하고 매일 도망치던, 별로 친하지도 않은 동료가 시험기간에 갑자기 친한 척하며 노트를 복사하겠다며 빌려 달라고 한다.

(13) 모두에게 인정받는 한 사업가가 있다. 그도 사업을 하느라 가정에 조금 소홀한 가장이었다. 그에게는 두 딸과 아내가 있다. 최근 남편은 아내로부터 가정에 너무 소홀한 거 아니냐는 말을 들었다. 그래서 딸의 유치원 발표회에 꼭 가겠다고 약속했다. 그런데 발표회가 있는 날 가장 중요한 거래처에서 사전 약속도 없이 제품 검사를 요구해 왔다. 딸의 발표회에 갈 것인가, 아니면 거래처 회의에 갈 것인가? 어느 쪽에 어떻게 말해야 할 것인가?

(14) 친구들끼리 단체로 모여서 밥을 먹자며, "어디어디서 모이자~."라는 문자를 보냈다. 그런데 나한테만 그 문자가 오지 않았다. 착오가 있을 수도 있겠지만, 선뜻 친구들을 따라 나서기가 그런데…. 가야 할까, 가지 말아야 할까?

(15) 친한 친구들과 같은 수업을 수강하게 되었다. 2명 1조로 연구 보고서를 제출해야 하는데, 그 친구와 한 조가 됐다. 그런데 이 친구는 아르바이트로 무척 바쁜데다, 학점에 별 관심이 없는 편이다. 나는 좋은 성적을 받아야 하므로, 작업에 많은 시간을 투자하고 있다. 혼자 보고서를 작성하자니 힘도 들고, 친구에 대해 불만과 분노가 쌓인다. 보고서 마감이 1주일 앞으로 다가왔다. 친구는 대충 하자며 자신이 맡은 부분도 시일 내에 주지 않고 있다. 어떻게 해야 하나?

(16) 교제 중인 이성 친구가 있다. 서로 연인 관계를 인정하고 종종 데이트를 하고 있다. 나는 좀 더 자주 만나서 애정을 나누고 싶다. 그러나 만나자는 연락을 하면 보고서 준비, 동아리 활동 등을 이유로 시간을 내기 어렵다고 한다. 그럴 때마다 애정이 식은 것 같아 걱정스럽고 섭섭하다. 그러나 친구는 애정에는 이상이 없으며, 각자 할 일을 하면서 짬이 날 때 데이트를 하자고 주장한다. 나는 이성 친구를 좋아하고 있으나, 이런 차이 때문에 불만이 쌓여 가고 있다.

## 4. 다음 상황에서 어떻게 표현하는 게 좋을까?

| 상황 | 표현 |
|---|---|
| (1) 담당 교수를 찾아가 지난 시간에 내지 못한 과제를 받아 달라고 말하기 | |
| (2) 교통사고로 어머니를 잃은 친구에게 위로의 말하기 | |
| (3) 배우자가 자기 부모와 내 부모에게 용돈을 차별해서 주는데…. 그것도 네 번째나…. 어떻게 말할 것인가? | |
| (4) 사랑을 고백하는 상대방에게 이미 애인이 있음을 말하기 | |
| (5) 새로 이사 온 아파트. 택배를 좀 받아 달라고 옆집에 부탁하기 | |

| | |
|---|---|
| (6) 기차표를 사기 위해 길게 줄이 늘어서 있다. 급히 끼여 들기를 해야 할 만큼 상황이 급한데 어떻게 양해를 구할 것인가? | |
| (7) 내가 말할 틈을 주지 않고 혼자 말을 하는 상대가 있다. 어떻게 말을 끊고 서로 쌍방적인 대화를 해 나갈 것인가? | |
| (8) 동료(상사)가 보증을 서 달라고 요청을 하는데 어떻게 하나? | |
| (9) 상대방이 대화를 마치고 이제 돌아갔으면 좋겠는데 계속 말할 때 어떻게 중단시킬 것인가? | |
| (10) 능력 부족으로 회사를 떠나는 동료와 송별할 때 어떻게 말할까? | |
| (11) 인사를 받지 않는 상사에게 어떻게 말할까? | |
| (12) 인사를 하지 않는 부하에게 어떻게 말할까? | |
| (13) 보증을 서 달라고 찾아온 친척에게 거절하기 | |
| (14) 친구 A에 관해 사실이 아닌 말을 친구 B에게 했다. 그걸 친구 A가 알게 됐다. 어떻게 사과할 것인가? | |
| (15) 두 번째로 잘못 걸려 온 전화 상대자에게 말하기 | |
| (16) 직장에 신체 접촉을 대수롭지 않게 생각하는 동료가 있다. 불편한데…. 어떻게 하면 그치게 할 수 있을까? | |
| (17) 늦게 일어나 30분이나 지각하게 되었을 때 회사에 어떻게 알릴까? | |
| (18) 1년간 사귄 애인과 헤어지기. 다른 친구가 더 좋아져서. 아무래도 안 맞는 것 같아서 | |
| (19) 돈을 꾸어 달라는 친구에게 거절하기 | |
| (20) 엘리베이터에서 만난 이웃집 중년 아저씨(아주머니)에게 말 걸기 | |

## 5. 다음과 같은 곤란한 상황에서 나는 어떻게 표현하면 좋을까?[7)]

(1) 아내(남편)가 자기 동생에게는 5만 원을, 내 동생에게는 3만 원의 용돈을 줬다. 벌써 세 번째다. 기분이 나쁜데 어떻게 표현할 것인가?

(2) 일요일 이른 아침마다 위층에서 피아노 치는 소리에 잠을 제대로 잘 수 없는 상황이다. 어떻게 할 것인가?

(3) 시어머니 심부름으로 우유를 사 온 며느리. 그 우유의 유통기한이 지난 걸 발견한 시어머니. 당신이 시어머니라면 어떻게 할 것인가?

(4) 결혼도 하기 전에 순이가 임신을 했다. 친정 부모는 노발대발하고… 순이가 예비 시어머니 앞에서 울먹이며, "어머니, 죄송해요. 어떻게 해요?"라고 말한다. 당신이 예비 시어머니라면?

(5) 잘 살던 순이네가 아버지 사업 실패로 지하 단칸방으로 이사를 했다. 친한 친구가 자꾸 놀러 오겠다고 한다. 친구가 놀러 와서 집안을 둘러본다. 당신이 친구라면 첫 마디를 무엇이라고 할 것인가?

(6) 부사장이 막대한 비용이 드는 신제품 개발을 추진하다가 많은 손해를 입게 됐다. 회장에게 불려온 부사장. 당신이 회장이라면?

**부사장:** 죄송합니다. 사장님, 여기 사직서 있습니다.

**회장:** ?

(7) 엘리베이터를 탔다. 한 남자가 타고 있다. 엘리베이터 안에 방귀 냄새가 진동한다. 5층에서 그 남자가 내렸다. 6층에서 한 엄마가 어린아이를 데리고 탔다. 냄새가 나자, 아이가 말했다. "엄마, 아줌마가 방귀 뀌었나봐! 냄새 나!" 당신이 아이 엄마라면 어떻게 할 것인가? 당신이 이 사람이라면 어떻게 할 것인가?

---

7) 3~5번 사례는 〈내 말에 상처 받았니?〉에서 발췌.

## 6. 다음 대화를 다시 구성해 보자.

| | 개선 전 | 개선 후 |
|---|---|---|
| (1) | A: "여보, 나 머리가 너무 아파…." | A: |
| | B: "그러니까 내가 병원에 가 보라고 했잖아!" | B: |
| | | |
| (2) | A: "아니, 또 딱지 끊었네? 내가 못 살아. 허구한 날 쌩돈 갖다 바치니. 아이구 돈 아까워라. 도대체 운전하면서 뭔 생각을 하는 거야?" | A: |
| | B: "그동안 몇 번이나 끊었다고 그래? 올해 두 번짼데… 하루 종일 운전하고 다니다 보면 그럴 수도 있는 거지. 당신이 운전해 보라고!" | B: |
| | | |
| (3) | A: "휴일인데 빈둥거리지 말고, 청소기라도 한 번 밀어요. 생전 해 달라고 하기 전에는 청소 한 번 해 주는 걸 못 봐! 옆집 돌이 아빠 좀 봐요." | A: |
| | B: "에이! 모처럼 휴일에 좀 쉬려니 잔소리 되게 많네!" | B: |
| | | |
| (4) | A: "여보, 나 내일 출장 가." | A: |
| | B: "……………" | B: |
| | A: "나 출장 간다구!" | A: |
| | B: "그러니 뭘 어쩌라고?" | B: |
| | | |

| | | |
|---|---|---|
| (5) | 개선 전 | 개선 후 |
| | A: “여보, 텔레비전 좀 꺼! 시끄럽다. 정신이 하나도 없네.” | A: |
| | B: “끄면 될 거 아냐!” | B: |
| | | |
| (6) | 개선 전 | 개선 후 |
| | A: “당신 아침 일로 화났어? 뭘 그런 걸로 화를 내?” | A: |
| | B: “………………………” | B: |
| | | |
| (7) | 개선 전 | 개선 후 |
| | A: “당신 이거 도대체 언제 하려고 그래? 그만 좀 질질 끌고 당장 해! 제발 좀….” | A: |
| | B: “지금 하면 될 거 아냐!” | B: |
| | | |
| (8) | 개선 전 | 개선 후 |
| | A: “여보, 이거 당장 해 놔!” | A: |
| | B: “……………” | B: |
| | | |
| (9) | 개선 전 | 개선 후 |
| | A: “제발 시간 좀 지켜! 왜 이리 늦은 거야? 당신은 항상 늦어! 다른 일도 못 하고 여기 달려온 게 한심하게 느껴지더라.” | A: |
| | B: “시간 좀 늦을 걸 가지고 뭘 그래? 내가 언제 항상 늦었어?” | B: |
| | | |
| (10) | 개선 전 | 개선 후 |
| | 아들이 방바닥에 놓인 컵을 발로 깼다. | |
| | 엄마: “아니, 그 비싼 컵을 깨다니… 넌 눈이 없냐? 눈도 없냐고?” | 엄마: |
| | 아들: “누가 거기다 컵을 두래?” | 아들: |
| | 할머니: “넌 그것도 안 치우고 뭐 하는 거냐?” | 할머니: |
| | | |

## 7. 다음과 같은 상황에서 어떻게 하는 것이 좋을까?

| 상황 | 표현 |
|---|---|
| (1) 거래처에 찾아가 처음 만난 담당자와 인사를 할 때 | |
| (2) 아침에 지각을 했는데, 조금 일찍 퇴근해야 할 경우 | |
| (3) 팀장의 지시대로 하지 않고 소신껏 일을 처리하다가 상황이 악화된 경우 | |
| (4) 부하직원이 자주 지각을 할 때 어떻게 꾸중해야 하나? | |
| (5) 상사가 지시한 내용을 너무 자주 번복하는데 어떻게 하면 좋을까? | |
| (6) 상사가 똑같은 일을 다른 동료에게도 맡긴 걸 뒤늦게 알게 되었는데…. | |
| (7) 다른 사람들 앞에서 반말을 마구 하는 상사에게 어떻게 말할까? | |
| (8) 상사가 술자리에서 자신에 대해 부정적으로 말했다는 걸 들었는데 어떻게 해야 하나? | |

| | |
|---|---|
| (9) 혼자 말을 많이 하는 상대방과 어떻게 대화해야 하나? | |
| (10) 상대방이 다른 동료나 상사를 험담하거나 비판하는데, 나도 따라 해야 하나? | |
| (11) 차상급자가 직접 불러서 업무를 지시하면서, 상사에게는 알리지 말라고 당부를 하는데…. | |
| (12) 잠시 찾아온 동료가 대화를 마치고 이제 돌아갔으면 좋겠는데…. | |
| (13) 구조조정으로 명예퇴직을 하는 사람을 송별할 때 | |
| (14) 상사가 곤경에 처했을 때 어떤 말을 해야 하나? | |
| (15) 신입사원이 배치되어 왔는데 뭐라고 하면 좋을까? | |

나의 소통 One Change!

# 역할 연습 19

## •수업 열기•
## "동굴에서 광장으로!"

| | |
|---|---|
| ●입장 | 큰 소리로 인사하며 |
| ●짝꿍 옆에 앉는다. | 잘 알지 못하는 동료가 좋은 짝꿍이다. |
| ●구호 | "Let's 통!" "반미고잘!" |
| ●존재 확인(출석 체크) | 교수님의 호명에 아무 말이나 한마디로 대답한다.<br>(소통과 관련한 명언 등) |
| ●짝꿍 소통 | 짝꿍과 소통을 연습한다. 마주 보며, 명확하게!<br>① 먼저 웃으면 진다[1]<br>② 지는 가위바위보[2]<br>③ 폰 스토리텔링[3]<br>④ 끝말잇기[4]<br>⑤ 단어 스토리텔링[5]<br>⑥ 동작 스피치[6] |
| ●통통 인터뷰 | 매주 동료 2명 이상과 3분씩 인터뷰를 해서 내용을 기록한다.<br>이번 학기 목표 30명–수업 동료 25명, 교수와 직원 5명. |
| ●침묵 스피치 | 교실 탁자 앞에 나가 30초간 청중을 바라보고 들어간다. 익숙해진 후에는 인사나 인사말도 해 본다. 자원해서 나오도록 한다. |

1) 얼굴을 마주 서로 바라본다. 먼저 웃으면 진다. 3판.
2) 가위바위보 3판. 지는 사람이 이긴다. 진 사람은 "만세!", 이긴 사람은 박수!
3) 스마트폰의 사진 한 장을 골라 1분간 설명해 주고 궁금한 점을 묻는 질문에 답해 준다. 교대로.
4) "학교" "교실" "실내화"…처럼 끝말잇기
5) A가 단어를 말하고 그 단어를 이용해 한 문장으로 이야기를 한다. B가 단어를 말하고 그 단어를 이용해 한 문장으로 이야기를 한다. 단, 앞 뒤 이야기가 동화처럼 맥을 이뤄야 한다. 다음 단계에서는 A가 먼저 이야기를 한 다음에 단어를 말해 준다. B는 그 단어를 이용해 이야기를 잇고, 다음 단어를 말해 준다.
6) 바디 랭기지로 어떤 이야기를 나눈다. 나중에 표현 내용을 서로 확인해 본다. 3회 이상 메시지가 오가야 한다.

## ■ 다음과 같은 곤란한 상황을 역할 연기를 통해 극복해 보자.

- 먼저, 관심이 있는 문제를 고른다.
- 동료들과 해법을 토의한다.
- 역할을 나누어 맡아 상황을 실제 상황처럼 줄다리기를 하며 문제를 해결해 보자.
- 그 역할에서 느낀 점을 나눠 보자.

(1) 현재 7,000만 원 전세 입주 중이다. 만기가 되자 주인이 9,000만 원으로 인상을 요구한다. 주인과 세입자 간에 줄다리기. (2명)

(2) 새로 이사 온 아파트에 구독 신청을 안 한 신문이 6개월간이나 들어오고 있다. 이번 달에는 청구서까지 배달됐다. 신문을 끊어야 하는데 아무리 전화 연락을 해도 계속 신문을 넣는다. 새벽에 신문 배달하는 이를 만났다. 줄다리기. (2명)

(3) 아버지가 ○○○병으로 앞으로 6개월밖에 살 수 없다고 한다. 그러나 아버지는 이 사실을 모른 채 조금씩 나아지고 있다고 믿고 희망을 가지고 있다. 의사의 진단 결과를 아버지에게 말씀을 드려야 할 것 같다. 어떻게 말씀을 드려야 할까? 아들과 아버지. (2명)

(4) 결혼을 약속하고 사귀는 사이. 남자의 아버지와 여자의 어머니가 학창시절 사귀었던 사이라는 걸 우연히 알게 됐다. 두 사람의 설명을 들은 양쪽 부모는 두 자녀에게 헤어지라고 권유한다. 아버지와 아들, 어머니와 딸의 줄다리기. (4명)

(5) 입사한 지 1년 된 신입사원. 주위로부터 촉망을 얻고 있는데 갑자기 그만두겠단다. 대우가 더 좋은 회사로 가겠다는…. 이 직원이 가 버리면 이 부서는 앞으로 1년간 충원 없이 일을 해야 할 판이다. 선배 A 과장이 신입사원을 설득하러 나섰다. "남아라" "가겠다" 서로 설득한다. (2명)

(6) 기차를 타려고 택시를 탔다. 어떤 일이 있더라도 이 열차를 타야 하는 상황이다. 간신히 열차 시각을 맞춰 역에 도착했다. 그런데 어쩐다? 택시비 18,000원 중 3,000원이 모자란다. 이 차에는 신용카드 기기도 없다. "택시비를 내라." "좀 봐 달라. 집에 가서 송금해 주겠다" 서로 설득한다. (2명)

(7) 예정시간보다 주차장에 일찍 도착하여 차 안에서 쉬고 있는데, 옆에 차 한 대가 주차를 한다. 운전자가 급히 내리더니 어디론가 급히 달려간다. 그런데 문을 너무 세게 열면서 내 차 문을 세게 건드려 약간 상처가 났다. 이를 어쩐다? (2명)

(8) 여자가 전철역에서 내리자마자 한 남자와 다툰다. 전철 안에서 여자 몸에 자기 몸을 자꾸 대고 추행을 했기 때문이다. 바로 이때 여자의 남자 친구가 우연히 나타나 세 사람이 2 : 1로 다투기 시작한다. 잠시 후 남자의 여자 친구가 지나다가 이 광경을 봤다. 이 여자는 상대 남자 친구를 보자 마자 크게 놀랐다. 바로 몇일 전 전철 안에서 똑같은 방법으로 자신에게 추행을 한 바로 그 남자였기 때문이다. (4명)

(9) 회사에서 구조조정을 하게 됐다. 상부의 결정사항을 통보받은 김 팀장. 구조조정 대상이 된 김 대리에게 결정사항을 통보한다. 모범사원 표창을 여러 번 받은 김 대리가 강하게 반발한다. 자신보다 무능한 이 대리를 놔두고 자신을 그만두게 하다니…. (2명)

(10) 장애를 가진 여성 미용사가 있다. 그녀는 자신과 달리 건장한 비장애인과 결혼하고 싶은 소망이 있다. 어느 날 그녀를 아끼는 선배가 한 남자를 소개해 주겠다고 제의한다. 그런데 알고 보니 그 남자도 자신과 비슷한 장애가 있다. 어떻게 소개하고, 어떻게 거절할 것인가? (2명)

(11) 여성 목욕탕. 어떤 엄마가 남자 아이를 데리고 탕에 들어왔다. 이 아이가 탕을 돌아다니면서 여성들을 뚫어지게 바라본다. 드디어 한 여성을 살펴보던 아이가 말한다. "아줌마, 섹시한데?" 이 아이에게 어떻게 대할 것인가? 이 아이의 엄마에게 어떻게 대할 것인가? 아이 엄마라면 따지는 여자에게 어떻게 응대할 것인가? (3명)

(12) 1년을 사귀던 남자 친구가 어느 날부터 거리를 두기 시작한다. 문자를 보내도 답장이 없다. 수업을 듣는 강의실 앞에서 기다렸지만 일부러 다른 친구들과 함께 가는 바람에 만날 수가 없다. 그러던 어느 날 선배로부터 연락이 왔다. 그 남자 친구에게 다른 여자가 생겼다는…. 그런데 그 친구가 같은 과 친구인 P양이다. 그녀는 내가 그 남자 친구와 사귀고 있는 걸 너무도 잘 아는 사이인데…. 옛 남자 친구에게 뭐라고 말해줘야 하나? 새로 사귄다는 친구에게 어떻게 말해야 하나? (3명)

(13) 상사인 김 팀장은 너무도 불평등하다. 동료인 K를 나보다 편애하는 것이 확실하다. 주위 사람들도 그렇게 생각한다. 그날도 그랬다. 너무도 속이 상한 나머지 다른 부서에 있는 S에게 장문의 편지를 썼다. 김 팀장을 씹는 내용이었다. 메일의 '보내기' 버튼을 누르는 순간 심장이 멎을 것 같았다. 수신자를 김 팀장으로 한 것이다. 아차! 김 팀장이라면 어떻게 회신을 할 것이며, 김 팀장에게 어떻게 변명을 할 것인가? (2명)

(14) 성적 처리가 엄격하기로 소문난 김 교수. 김 교수 동창이 전화를 해 왔다. 두 사람과 잘 아는 다른 친구 아들이 김 교수 수업을 듣는다는…. 그러니 성적 좀 잘 달라고 부탁을 한다. 명단을 찾아본 김 교수는 고민이 생겼다. 5회나 결석을 했기 때문에 성적을 잘 줄 수가 없는 상황이었다. 이미 학생들에게도 성적이 나올 수 없는 사례라고 공언을 한 상황이다. 김 교수는 친구에게 그런 사정을 얘기했더니, 친구 사이에 그런 거 하나 못 봐 주냐며 오히려 핀잔을 준다. 그러던 차에 아이 아버지에게서 전화가 왔다. 아버지와 김 교수의 대화를 시작해 보자. (3명)

(15) 아주 추운 날, 차를 몰고 퇴근을 하는 김 대리. 버스 정류장에서 같은 직장 여직원이 떨며 버스를 기다리고 있는 걸 발견한다. 딱한 마음에 차에 태워 집 앞에 내려주고 돌아가는데, 마침 그 동네에 사는 아내의 친구가 차 번호를 확인하고 아내에게 전화해서 "남편 조심하라."며 일러 준다. 김 대리가 집에 도착하자 아내가 묻는다. "왜 늦었어?" 김 대리는 당황해 하며 "친구를 만나서 차 한 잔 하고 왔어!"라고 둘러대는데…. 두 사람, 어떻게 이 상황을 풀어 나갈 것인가? (2명)

(16) 신혼부부가 1년간 통장을 따로 관리하고 1년 후 결과를 나누기로 했다. 1년 후, 아내는 열심히 절약해서 500만 원을 모은 통장을 내 놨다. 그런데 남편은 겨우 20만 원밖에 못 모았다는 것이 아닌가? 아내는 따지고 남편은 남자의 사회생활을 들먹이며 변명을 하는데…. (2명)

(17) 아내는 건강을 위해 가까운 수영장에서 수영을 배우고 있다. 어느 날 일찍 퇴근하여 수영장에 온 남편. 아내가 수영을 배우는 모습을 자세히 바라 보고 있다니 속이 터진다. 남자 수영 코치가 아내의 몸에 너무 손을 대는 게 아닌가. 배를 받쳐 주기도 하고…. 아무래도 한 마디 해 줘야겠기에 두 사람 앞에 나섰다. (3명)

(18) 버스 안에서 아기가 시끄럽게 울어 댄다. 옆의 손님이 아기 부모에게 항의를 한다. 아기는 계속 울어 댄다. 손님이 다시 항의한다. 아기 엄마와 아빠가 말한다. "미안합니다. 사실은 우리 아이가 아네요. 아이 엄마가 어제 세상을 떠났어요." (3명)

나의 소통 One Change!

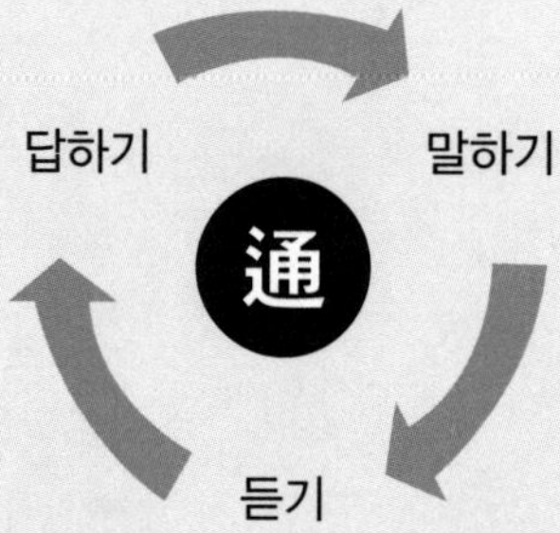
말하기
듣기
답하기
通

# 청문회와 모의면접

20

## ●수업 열기●
## "동굴에서 광장으로!"

| | |
|---|---|
| ●입장 | 큰 소리로 인사하며 |
| ●짝꿍 옆에 앉는다. | 잘 알지 못하는 동료가 좋은 짝꿍이다. |
| ●구호 | "Let's 통!" "반미고잘!" |
| ●존재 확인(출석 체크) | 교수님의 호명에 아무 말이나 한마디로 대답한다.<br>(소통과 관련한 명언 등) |
| ●짝꿍 소통 | 짝꿍과 소통을 연습한다. 마주 보며, 명확하게!<br>① 먼저 웃으면 진다[1]<br>② 지는 가위바위보[2]<br>③ 폰 스토리텔링[3]<br>④ 끝말잇기[4]<br>⑤ 단어 스토리텔링[5]<br>⑥ 동작 스피치[6] |
| ●통통 인터뷰 | 매주 동료 2명 이상과 3분씩 인터뷰를 해서 내용을 기록한다.<br>이번 학기 목표 30명–수업 동료 25명, 교수와 직원 5명. |
| ●침묵 스피치 | 교실 탁자 앞에 나가 30초간 청중을 바라보고 들어간다. 익숙해진 후에는 인사나 인사말도 해 본다. 자원해서 나오도록 한다. |

1) 얼굴을 마주 서로 바라본다. 먼저 웃으면 진다. 3판.
2) 가위바위보 3판. 지는 사람이 이긴다. 진 사람은 "만세!", 이긴 사람은 박수!
3) 스마트폰의 사진 한 장을 골라 1분간 설명해 주고 궁금한 점을 묻는 질문에 답해 준다. 교대로.
4) "학교" "교실" "실내화"…처럼 끝말잇기
5) A가 단어를 말하고 그 단어를 이용해 한 문장으로 이야기를 한다. B가 단어를 말하고 그 단어를 이용해 한 문장으로 이야기를 한다. 단, 앞 뒤 이야기가 동화처럼 맥을 이뤄야 한다. 다음 단계에서는 A가 먼저 이야기를 한 다음에 단어를 말해 준다. B는 그 단어를 이용해 이야기를 잇고, 다음 단어를 말해 준다.
6) 바디 랭기지로 어떤 이야기를 나눈다. 나중에 표현 내용을 서로 확인해 본다. 3회 이상 메시지가 오가야 한다.

## 1. 청문회

(1) 1명씩 전체 앞에 나온다.
(2) 30초 간 자기 소개를 한다.
(3) 청중이 묻는다.
(4) 질문에 답한다.7)
(5) 주어진 시간 안에 질문과 답을 계속한다.

## 2. 면접은…

(1) 면접은 평가 대상자를 직접 만나 서류 전형을 통해 발견하지 못한 점을 찾아보기 위한 것이다. 면접관의 질문으로 지원자의 많은 부분이 드러나기 마련이다. 면접관의 질문에는 질문을 통해 진짜 알고 싶어 하는 의도가 숨어 있다. 지원자는 그 의도를 빨리 파악하고 보여줘야 한다.

(2) 면접관의 질문은 시종일관 이렇다. "왜 우리가 널 뽑아야 하나?" 따라서 지원자는 시종일관 이래야 한다. "이래서 절 뽑아 주셔야 합니다!" 면접관이 어떤 걸 물어도 답변자는 다음의 답변으로 결론을 유도해야 한다. "절 꼭 뽑아 주십시오."

(3) 지원자는 면접에서 막힘 없이 말하기나 복장을 중시할지 모르지만, 면접관은 그런 것보다는 '사람'을 본다. "이 사람이 우리와 함께 하기에 적합한가?"를 본다. 말하기 기술만 잘 발휘한다고 성공하는 건 아니다. 가장 위험한 방법은 면접 문답서를 구해서 내용을 암기하는 것이다. 그렇게 하면 남의 생각으로 답하게 돼 떨릴 수밖에 없다. 다른 사람의 답이 아니라 내 생각을 말해야 한다. 그러려면 내 생각을 평소에 잘 정리해 놓아야 한다.

## 3. 면접에 응하는 방법

(1) MOT(Moment Of Truth): 진실은 첫 만남 10초 이내에 드러난다. 처음 보여 주는 표정과 외모, 처음 들려주는 목소리에 당신의 모든 것이 드러난다. 밝은 표정과 확신을 주는 목소리로 표현해야 한다. 말의 끝 부분이 흐려지지 않도록 해야 한다. 서류가 아니라 사람을 직접 만나는 이유는 태도를 확인하기 위해서다.

---

7) 1인당 2회 이상 질문한다. 공감 있는 질문, 대답이 조금은 곤란한 질문, 꼬리에 꼬리를 무는 질문이 좋다. 답변은 재치 있게, 短問長答이 좋다.

(2) 면접은 대화다. 질문의 핵심에서 벗어나지 말아야 한다. 상대방이 무엇을 알고 싶어 하는지를 빨리 파악하고 거기에 맞게 답변을 해야 한다. 왜 그런 질문을 하는지 숨은 의도를 생각하며 들어야 한다. 질문에서 내가 답변할 키워드를 빨리 찾아내야 한다. 동문서답이 되면 안 된다.

(3) 질문에 관한 답이 얼른 생각이 나지 않을 때에는 리핏(Repeat) 화법을 사용하면 좋다. 상대방의 질문 내용을 다시 언급하면서 시간을 버는 방법이다. "예, 대학시절에 제가 생각한 미래의 직업에 대해 물으셨습니다…."

(4) 어떤 질문에도 답변은 결국 회사가 자신을 선택하는 데 도움이 되는 쪽으로 마무리하는 것이 좋다.

(5) A나 B에서 어느 쪽이냐는 흑백 논리형 질문에는 신중하고도 균형감 있게 절충하며 답하는 것이 좋다.

(6) "휴일에도 출근을 할 수 있나?" "야근을 할 수 있나?"와 같은 질문에 대해서는 특별한 상황에서 어찌할 것인지를 묻는 것인지, 항상 그렇게 할 수 있는 것인지를 묻는 것인지를 구분하고 대답해야 한다. 전자의 경우라면 긍정적으로 대답해야 하지만, 후자의 경우는 실제의 상황일 수 있으므로 신중히 대답해야 한다.

(7) 비굴해질 필요는 없지만, 취업을 향한 간절함을 적극 표현해야 한다. 아니면 말고 식의 답변에는 실패가 돌아온다.

(8) 답변에 약간의 실수가 있더라도 당황할 필요는 없다. 아나운서를 뽑는 게 아니니까. 면접관은 실수를 해결하는 방법이나 태도를 본다. 말을 더듬거나 잠시 중단이 되었다면 바로 잡으면 된다.

(9) 시간에 쫓기지 말고 자신에게 주어진 시간은 최대한 활용해야 한다. 단문단답식은 자신에게 주어진 시간을 날려 버린다. 답변을 너무 일찍 마치면 또 새로운 질문이 들어온다. 나를 알리기에 좋은 질문은 붙잡고 늘어져야 한다.

(10) 면접관은 모두 지원자보다 나이가 많다. 심지어 부모 뻘 되는 경우도 있다. 그런데 의사결정은 그 분들이 한다. 신세대다운 신선한 답변을 원하는 수도 있지만, 그들의 가치관에 크게 어긋나지 않게 답변을 할 필요도 있다.

(11) 팀플을 해 봤느냐는 질문에는 혼자서 헌신적으로 다 했다고 하기보다는, 모두가 협력해서 잘했다는 점을 강조하는 게 좋다. 여성의 병역 의무 이행 같은 질문에는 창의적이고 합리적인 답변을 찾아야 한다. 예를 들면, 여성은 모병제로 하는 것 같은.

(12) 지원자는 자신이 어떤 장점과 역량이 있고, 회사는 어떤 인재형을 필요로 하는지에 맞춰 면접에 응하면 좋다.

(13) 면접은 말하기 테스트가 아니다. 응시자의 생각과 태도가 자기 회사에 적합한지 알아보는 과정이다. 안 맞으면 헤어지는 것이다. 합격, 불합격을 실력 차이로 받아들여서는 안 된다. 면접에서 '떨어진 것'이 아니라 '서로 안 맞는 것'이다.

(14) 지원자는 평소에 어떤 질문에 어떻게 답할 것인지 생각을 정리해 놔야 한다. 면접 때 떨리는 건 남의 생각을 외워서 답하려 하기 때문이다. 또 평소 그 회사에 입사하기 위해 준비해 놓은 무엇인가가 있어야 유리하다.

## 4. 온라인 면접

비대면 문화가 확산되면서 온라인 전형이 늘어나고 있다. 대학입시 면접, 대학원 면접에 이어 취업 시험과 면접도 비대면 온라인으로 전환되고 있다. 비대면 온라인 면접은 대면 면접에 비해 소통에 많은 한계가 있다. 그러나 시간과 공간의 제약을 벗어날 수 있고, 방역 효과에도 도움이 되는 만큼 앞으로 더 확대될 것으로 보인다.

온라인 면접은 영상, 방송 경험이 없는 사람에게는 매우 어색하고 힘든 일이다. 온라인 면접은 온라인으로 면접관과 화상 소통을 하는 방식이다. 지원자는 자신의 목소리, 표정, 복장, 자세(모습)을 카메라와 마이크에 담는다. 이때 카메라의 앵글과 거리, 주변 배경과 조명 등이 내 모습을 디자인한다. 이러한 메시지가 온라인으로 면접관에게 실시간으로 전달된다. 면접관도 같은 방식으로 자신의 메시지를 지원자에게 보내 준다. 온라인 면접은 대면 면접과는 달리 소통 단계가 많고, 방식도 달라 자칫 메시지를 왜곡, 축소, 확대할 수 있는 요소가 적지 않다. 따라서 지원자는 다음 몇 가지를 유념하고 온라인 소통에 익숙해지도록 연습을 해 봐야 한다.

| | | | | | | |
|---|---|---|---|---|---|---|
| 나 | 목소리 | 카메라, 마이크 ⇒ ⇐ 스피커, 스크린 | 앵글(눈높이) | 온라인 상태 ⇆ | 스피커, 스크린 ⇒ ⇐ 카메라, 마이크 | 면접관 |
| | 표정 | | 화면 크기(거리) | | | |
| | 복장 | | 배경 | | | |
| | 자세 | | 조명 밝기 | | | |

(1) 온라인 환경부터 점검하라

온라인 면접을 준비하기 위해 가장 먼저 준비해야 할 일은 온라인 환경이 정상인지 점검하기다. 기술적인 문제로 면접 기회를 놓칠 수는 없으니까.

① 온라인 면접에서는 스마트폰보다는 노트북을 사용하는 게 좋다.

② 와이파이 상태가 정상인지 확인하라.

③ 노트북 상태를 점검하라. 전원 상태가 정상인지, 열어 놓은 파일 창은 없는지, 알림 소리 장치는 꺼 놓았는지,

④ 송수신 상태가 어떤지 반드시 모의 테스트를 해 봐야 한다. 친구의 도움을 얻어 다른 컴퓨터로 온라인 상태가 잘 되는지, 내 모습이 어떻게 비치는지, 소리 등은 적당한지 점검해야 한다. 면접 중 기술적인 문제가 생길 경우 도움을 줄 사람을 확보하는 것도 필요하다.

(2) 카메라와 마이크를 최적의 상태로 세팅하라

① 카메라의 눈높이

면접관에게 내가 어떻게 보일지를 생각하고 카메라의 눈높이를 맞춰야 한다. 면접관은 내가 그를 내려다보는 것을 좋아할까, 올려다보는 것을 좋아할까? 면접관과 같은 눈높이로 맞추는 것이 좋다. 노트북의 카메라를 높이려면 넓고 두꺼운 책 같은 것으로 안정되게 괴는 것이 좋다.

② 카메라와 나의 거리

카메라와 나의 거리는 화면의 얼굴 크기를 결정한다. 얼굴을 너무 크게 조정해 놓을 경우, 움직일 때 얼굴 일부가 잘려 보일 수 있으므로 적절한 거리를 조정해 놓아야 한다.

③ 깔끔한 배경

화면에 비친 배경은 그 사람의 '배경'도 보여 준다. 단순하고 깔끔하고 정돈된 배경이 좋다. 그래야 면접관이 나에게만 신경을 쓸 수 있다. 정리되지 않은 나의 뒷모습이 비쳐지지 않도록 주의해야 한다. 효과적인 면접을 위해서는 적합한 장소를 확보할 필요가 있다. 간혹 줌(zoom)에서 제공해 주는 배경화면을 이용하는 경우가 있는데, 면접에서는 피하는 것이 좋다. 이 배경은 지원자가 움직일 때마다 화면 일부가 흩어지는 현상이 일어나기도 한다.

④ 밝은 조명

특별한 조명기구가 필요하지는 않다. 그러나 상대방에게 내 얼굴이 잘 보일 정도는 돼야 한다. 가정의 전등은 대부분 위에서 아래로 비춰 얼굴이 잘 보이지 않을 수도 있다. 책상 스탠드 등을 보조로 이용하는 것도 좋다.

(3) 나를 효과적으로 표현(전달)하라

① 목소리: 또박또박 답하라

비대면 온라인 소통에서 가장 믿을 수 있는 것은 음성(말)이다. 대면 소통에 비해 온라인 소통에서는 표정, 몸짓 등의 비언어 수단을 효과적으로 사용하기가 어렵기 때문에 목소리를 통한 음성 소통에 의존해야 한다. 온라인 소통은 불안정한 경우가 적지 않으므로 이를 감안하여 적당한 속도로, 크게, 또박또박 말해야 한다. 마이크의 볼륨은 최대의 상태로 맞춰 놓는 게 좋다. 크기는 상대방이 조절할 수 있으니까.

혹시 면접관의 목소리가 잘 들리지 않을 때에는 예의 바르게, 온라인 상태가 좋지 않아 들리지 않는다며 다시 말씀해 달라고 요청하라. 포기해서는 안 된다. 그 사이에 시간을 벌 수도 있으니까.

② 표정: 밝고 자신 있는 표정을 보여라

온라인 면접에서는 면접관이 내 모습을 어떻게 보고 있는지 알 수가 없다. 아마도 대형 스크린으로 모든 면접관이 내 얼굴을 볼 가능성이 높다. 표정의 미세한 변화 하나하나가 평가에 영향을 줄 수 있다. 마치 면접관이 바로 내 앞에 있다고 생각하고 밝고 자신감 있게 대하는 것이 좋다.

③ 복장: 단정한 복장을 갖춰라

복장은 상대방에 대한 예의다. 그래서 대면 면접 때 정장을 입고, 화장도 하고, 머리 손질도 하는 것이다. 온라인 면접에서도 면접관에게 좋은 이미지를 줄 수 있게 최선을 다해야 한다. 간혹 얼굴과 상체만 카메라에 비친다는 생각으로 나머지 복장을 소홀히 하는 경우가 있는데 주의해야 한다. 어떤 상황이 벌어질지 모르기 때문이다.

④ 자세: 자세를 바르게 하라

비록 카메라에 내 전체의 모습이 비쳐지지는 않지만, 면접관은 일부만 보고도 다른 자세까지 연상해 볼 수 있는 눈을 갖고 있다. 다리를 꼬고 앉거나, 의자를 뒤로 젖혀 앉지 않도록 주의해야 한다. 니은(ㄴ)자 의자가 좋다. 소파나 안락의자는 피하는 게 좋다.

## 5. 면접 준비

### 1) 면접을 위한 기본 준비[8)]

(1) 지원한 회사에 대한 기본 정보

면접전형에서는 최고의(Best) 지원자를 선발하는 것이 아니라 최적의(Right) 지원자를 선발한다. 따라서 지원자는 자신이 지원한 기업의 기본 정보를 충분히 이해한 후 전형에 임하는 것이 기업 측이나 지원자 측 모두에게 유익하다.

① 회사의 연혁
② 회장 또는 사장 등의 대표 이름, 출신학교, 전공과목
③ 회장 또는 사장 등의 대표가 요구하는 신입사원의 인재상
④ 회사의 사훈, 사시, 경영이념, 창업정신
⑤ 회사의 대표적인 상품, 특색
⑥ 업종별 계열회사, 해외지사, 해외현지법인
⑦ 업종별 시장 점유율
⑧ 신개발품에 대한 기획 여부
⑨ 회사의 잠재적 능력개발에 대한 제언
⑩ 회사의 광고 홍보물에 대한 이해

8) 전미옥, 윤종현, 박하영(2007). **취업면접 마스터하기**. 시스컴출판사

(2) 면접 전 준비

① 면접 전 날 수면을 충분히 취하자.

② 필요한 준비물은 확실하게 챙기자.

③ 집에서 면접장까지의 교통 편, 거리, 소요 시간을 알아보자.

④ 만일의 경우에 대비하여 이력서, 자기 소개서 여분을 준비하자.

(3) 면접 시 주의사항

① 지각은 금물: 면접에 지각하는 사람을 고운 시선으로 볼 리가 없다. 사전에 회사의 위치와 면접 장소, 시각을 정확히 파악하고 여유 있게 면접장에 도착하자.

② 대기실 착석: 마음을 가다듬고 예상 질문과 답변을 생각한다. 대기실의 회사 홍보 자료를 보며 회사의 분위기를 파악하자.

③ 입실할 때: 자신을 호명하면 자신 있게 "예!"라고 대답하고 들어간다. 문이 닫혀 있을 때에는 노크를 한 후, 대답을 듣고 나서 들어간다. 문은 조용히 열고 닫고 공손한 자세로 인사를 한후, 수험번호와 이름을 또렷이 대고 면접관의 지시에 따라 의자에 앉는다.

④ 의자에 앉을 때: 소리 나지 않게 조용히 의자에 앉는다. 의자에 걸터앉지 말고 깊숙이 들여 앉되, 남자는 무릎을 약간 벌리고 여자는 붙인다. 양손은 무릎에 가지런히 얹는 것이 좋다.

⑤ 발랄하고 자신감 있는 태도 유지: 침착하면서도 밝은 표정으로 예의를 지키며 질문에 응한다. 부담스러운 질문을 받더라도 우물거리지 말고 패기 있고 자신감 있게 명확히 행동한다. 자신이 하고 싶은 일을 당당히 말한다.

⑥ 과장과 거짓은 피하라: 질문사항에 대한 과장이나 거짓 대답은 금물이다. 불필요한 사족을 달거나 수다를 떠는 것도 피해야 한다. 먼저 결론을 말하고 나중에 부수적인 설명을 덧붙이는 것이 좋다. 모르면 모른다고 솔직히 대답한다.

⑦ 암기식 답변은 No: 면접관의 질문은 자기 소개서를 토대로 이루어진다. 자기 소개서를 암기해서 읽는 건 시간 낭비이며 답변은 나를 충분히 알릴 수 있는 좋은 기회다.

⑧ 퇴실할 때: 퇴장 방법도 면접의 대상이다. 면접을 마치면 조용히 일어나 "감사합니다."라고 자신 있게 인사를 한 후 당당한 자세로 문 앞까지 가서 다시 목례를 하고 조용히 문을 닫고 나간다. 면접관은 지원자의 일거수 일투족을 관찰한다.

## 6. 면접 연습

(1) 다음 예상 문제를 동료들과 함께 풀어 보자. 모든 질문에는 '의도'가 있다. 그것을 찾아 내 보자.

(2) 그 다음에 여러 사람 앞에서 모의면접을 실습해 보자.

| 면접 예상 문제(여럿이 함께 미리 풀어 보자) | | |
|---|---|---|
| 대학시절 어떤 교수님과<br>어떻게 소통했나요? | 요즘 가장 화가 나는 사회적 이슈는<br>무엇인가요? | 자신을 면접관이라 생각하고<br>자신에게 질문 하나 하고 답해 보세요. |
| 당신의 이름은 무슨 뜻인가요?<br>누가 지었나요?<br>한자로 어떤 뜻인가요? | 권력자들의 채용 청탁 비리에 대해<br>어떻게 생각하나요? | 외할아버지나 외할머니의<br>성함을 아나요? |
| "이렇게 말해 줘서 그때 힘이 났다"<br>이런 경험이 있다면 소개해 주세요. | 앞으로 10년 이내에<br>없어질 직업 하나, 새로 생겨날 직업<br>하나를 말해 보세요. | 남북이 통일될 경우 긍정적인 점,<br>부정적인 점 1가지씩만<br>얘기해 보세요. |
| 최저임금제에 대해<br>어떻게 생각하세요? | 인생에서 가장 중요한 것<br>3가지를 말해 보세요. | 면접관에게 묻고 싶은 게 있다면<br>어떤 것인가요? |
| 자기 자랑을 하나 해 보세요. | 학생과 직장인의 가장 큰 차이점은<br>어떤 것이 있을까요? | 오늘 개인적으로 굿 뉴스가 있다면<br>어떤 것인가요? |
| 직업을 통해 추구하려는 게<br>무엇인가요? | 바람직한 직장인 상은<br>어떤 모습인가요? | 최근 신문에서 관심 있게 보거나<br>인상 깊었던 기사는 무엇인가요? |
| 봉사활동 경험이 있나요?<br>있다면, 특별히 기억에 남는 것은<br>무엇인가요? | 살아오면서 어떤 일을 열정적으로<br>성취한 경험이 있습니까? | 직장인에게 취미생활이<br>왜 필요한가요? |
| 가장 감명 깊게 읽은 책,<br>다른 사람에게 권하고 싶은 책이<br>있습니까? | 남들과는 다른 자신만의 개성은<br>무엇인가요? | 이런 성적으로 우리 회사에<br>입사할 수 있다고 생각하세요? |
| 직장인의 워라벨에 대해<br>어떻게 생각하세요? | 1분간 자기 소개를 해 보세요. | 어려운 일이 생기면<br>누구와 상의합니까? |
| 의자의 다리는 왜 4개라고<br>생각하세요? | 인간이 지구상 모든 생물체를<br>다스리는 가장 큰 힘은 무엇이라고<br>생각하세요? | 어떻게 하면 사과 3개를<br>맛있게 먹을 수 있을까요? |
| 대인관계에 있어 가장 중요한 것은<br>무엇이라고 생각합니까? | 어떤 때에 스트레스를 느끼며,<br>어떻게 스트레스를 해소합니까? | 자신의 성격은 어떻다고 생각하세요? |
| 당신은 친구들로부터 어떤 평가를<br>받고 있다고 생각합니까? | 당신을 '색'으로 비유한다면 무슨 색<br>입니까? 왜 그렇게 생각하나요? | 주위 사람들은 당신을<br>어떠한 사람이라고 하나요? |
| 최근 화가 났던 일은 어떤 일입니까? | 이것만큼은 남에게 질 수 없다고<br>생각하는 것은 무엇입니까? | 일상생활에서 일어나는<br>어려운 문제는 어떻게 해결하나요? |
| 직장 선택의 첫째 기준은<br>무엇입니까? | 왜 우리 조직(회사)에 취업하려고<br>합니까? | 10년 후 오늘, 당신은 어디서<br>무슨 일을 하고 있을까요? |

| | | |
|---|---|---|
| 친구를 사귈 때 어떤 점을 중요하게 보세요? | 대학생활 중 가장 몰두한 일은 무엇입니까? | 전공이나 교양 과목 중 특별히 관심을 갖고 공부한 것은 무엇입니까? |
| 이솝 우화 중 당신이 거북이라고 하죠. 어떻게 하면 토끼를 한 번 이길 수 있을까요? | 학창시절에 어떤 아르바이트를 해 봤습니까? | 운전자 없는 자동차가 실용화하면 어떤 직종이 생겨나고 어떤 직종이 사라질까요? |
| 성인지 감수성의 뜻을 아세요? | 어떻게 말하는 것이 말을 잘 하는 것이라고 생각하십니까? | 요즘 신세대들의 특성에 대한 견해를 말해 보세요. |
| 4차 혁명 시대가 당면한다면, 당신의 전공은 어떤 상황에 처할까요? | 1만원을 가장 가치 있게 사용할 수 있는 방법은 무엇입니까? | 1시간을 가장 가치 있게 사용할 수 있는 방법은 무엇입니까? |
| 자신의 소지품 중 1가지를 면접관에게 팔아 보세요. | 비혼 출산에 대해 어떻게 생각하세요? | 주량이 얼마나 되세요? |
| 지난 시간에 과제를 내지 못했습니다. 과제를 받아 달라고 교수님을 설득해 보세요. 실제 상황처럼 말해 보세요. | 교통사고로 친구가 어머니를 잃었습니다. 친구에게 어떻게 위로의 말을 할 겁니까? 실제 상황처럼 말해 보세요. | 기차표를 사기 위해 사람들이 길게 줄을 서 있습니다. 상황이 급해 끼어들기를 해야 합니다. 어떻게 양해를 구할 것인지 실제 상황처럼 말해 보세요. |
| 잘 하는 일과 하고 싶어하는 일 중 어느 것을 선택할 것입니까? 왜 그렇게 생각하세요? | 어머니, 배우자, 자식이 물에 빠졌다면 누구를 먼저 구할 겁니까? 왜? | 교실에 뱀이 들어왔다면 어떻게 할 겁니까? |
| 주 52시간 근무제가 실시되고 있습니다. 대학시절 학기 중에 1주일에 몇 시간 정도 공부를 하셨나요? | 스마트폰이 학습활동에 미치는 좋은 점, 나쁜 점 한 가지씩 들어 보세요. | 스마트폰이 출현하면서 사라진 직종이 있다면 어떤 것이 있나요? |
| 청중 앞에서 발표할 때 두려움은 왜 생긴다고 생각하나요? | 국민 건강 보호를 위해 담뱃값을 현재 3~4배로 인상하는 것을 어떻게 생각하세요? | 인생에서 가장 가슴이 뛰던 순간은 언제였나요? |
| 성폭행범을 화학적으로 거세하는 것에 대해 어떻게 생각하십니까? | 글로벌화를 위해 영어를 제2국어로 공용화하는 것을 어떻게 생각하세요? | 여성도 국방의 의무를 하도록 하는 주장에 대한 의견은 무엇입니까? |
| 무인도에 한 달 간 들어가 산다면, 가져갈 물건 3가지는 무엇인가요? | 우리나라 사람들의 행복도는 여러 조사에서 중간 이하로 나타나고 있습니다. 가장 큰 이유 2가지는 무엇인가요? | 지금 500만 원과 15일의 휴가가 주어진다면 어떻게 쓸 건가요? |
| 흡연에 대한 생각은 무엇입니까? 찬성이든 반대이든 상대편을 설득해 보세요. | 최근 신입사원들의 잦은 이직현상에 대해 어떻게 생각하나요? | 코로나19로 우리 업종에 어떤 변화가 있다고 보세요? |
| 대학생활을 하면서 팀플 활동을 할 때 당신은 어느 위치였나요? | 다른 회사가 스카웃 제의를 한다면, 어떤 점을 먼저 살펴볼 것인가요? | 갑자기 1천만 원이 필요합니다. 언제까지 어떻게 마련할 건가요? |
| 상사가 자신의 신념과 반하는 지시를 한다면 따를 것입니까? | 상사가 당신의 아이디어를 가로챈다면 어떤 태도를 취할 겁니까? | 인생에서 가장 만족스러웠던 일은 무엇이고, 가장 후회스러웠던 일은 무엇인가요? |
| 함께 일하고 싶지 않은 사람은 어떤 사람인가요? 왜 그런가요? | 당신의 적성이 이 일에 어울린다고 생각하나요? | 당신 생김새는 우리 회사랑 잘 어울리지 않는데… . 어떻게 생각하세요? |

| | | |
|---|---|---|
| 우리 회사가 당신을 뽑으면<br>어떤 유익이 있을까요? | 우리 회사의 이 직무를 선택한 이유는<br>무엇인가요? | 야근이 잦을 텐데<br>그래도 즐겁게 일할 수 있나요? |
| 새벽 3시, 광화문 광장으로<br>불러낼 친구가 몇 명이나 되나요? | 닮고 싶은 멘토가 있다면<br>누구인가요? 왜? | 최근 가장 인상 깊게 읽은 책은<br>무엇이고, 그 메시지는 무엇인가요? |
| 토익 점수가 낮군요.<br>언제부터 토익 공부를<br>본격적으로 시작했나요? | 친구나 동료의 부탁을 적극적으로<br>도와준 경험이 있나요?<br>있다면 어떤 것인가요? | 남들과는 다른 자신만의<br>특별한 경험이나 능력이 무엇이며,<br>그걸 입사 후 어떻게 업무에<br>적용할 건가요? |
| 당신이 우리 회사에서 일하고 싶은<br>이유에 앞서, 우리가 당신을 뽑아야<br>하는 이유는 무엇입니까? | 직장상사가 당신에게 사적인 부탁을<br>한다면 어떻게 거절할 것입니까? | 75% 확률로 100만 원 당첨 복권,<br>50% 확률로 300만 원 당첨 복권,<br>25%의 확률로 1000만 원<br>당첨 복권이 있습니다.<br>어떤 것을 사겠습니까? 왜? |
| 업무 중 소속 팀에 이득이 되는 일과,<br>회사 전체적으로 이득을 보는 일<br>중 어느 쪽을 택할 겁니까? | 앞으로 우리나라는 일본과<br>어떻게 관계를 개선해 나갈 수<br>있을까요? | 우리나라는 미국과 중국 사이에서<br>매우 어려운 입장입니다. 어떻게 해야<br>한다고 생각하세요? 왜? |
| 남북통일을 찬성하십니까?<br>찬성한다면, 반대한다면<br>그 이유는 무엇입니까? | SNS를 하는 이유는 무엇이고,<br>안 하는 이유는 무엇입니까? | 우리 회사 입사 5년 후<br>당신의 목표를 말해 보세요. |
| 공부하는 것과 일하는 것 중<br>어느 것이 더 쉬울 거라고<br>생각하세요? | 살아오면서 가장 중요하게 생각하는<br>가치는 무엇입니까? | 최근 우리 사회 이슈 중에<br>가장 관심이 가는 것은 어떤 것이며,<br>그에 대한 본인의 생각은<br>무엇입니까? |
| 당신 인생에서 최고의 사건,<br>최악의 사건 하나씩 말해 보세요. | 오늘 우리 회사에 면접하러 오면서<br>느낀 점은 무엇입니까? | 우리 회사에서 진행 중인 사업 중<br>개선할 점이 있다면 어떤 것입니까? |
| 대학생활과 직장생활을 비교해 볼 때<br>인간관계 면에서<br>어떤 점이 차이가 날 것 같나요? | 대학생활과 직장생활을 비교해 볼 때<br>시간관리 면에서<br>어떤 점이 차이가 날 것 같나요? | 대학생활과 직장생활을 비교해 볼 때<br>경제생활 면에서<br>어떤 점이 차이가 날 것 같나요? |
| 가까이 해야 할 사람과<br>멀리 해야 할 사람의<br>기준은 무엇인가요? | 배상과 보상은 어떻게 다른가요? | 남북한이 연합할 경우<br>일본이 얻을 것, 잃을 것은<br>무엇인가요? |
| 직장 내 괴롭힘 금지법에 대해<br>어떻게 생각하세요?<br>본인이 이런 상황에 처한다면<br>어떻게 해결할 건가요? | 자금을 모은다면<br>집을 먼저 살 건가요,<br>차를 먼저 살 건가요? | 앞으로 1시간 내에<br>동원할 수 있는<br>현금은 얼마나 되나요? |

나의 소통 One Change!

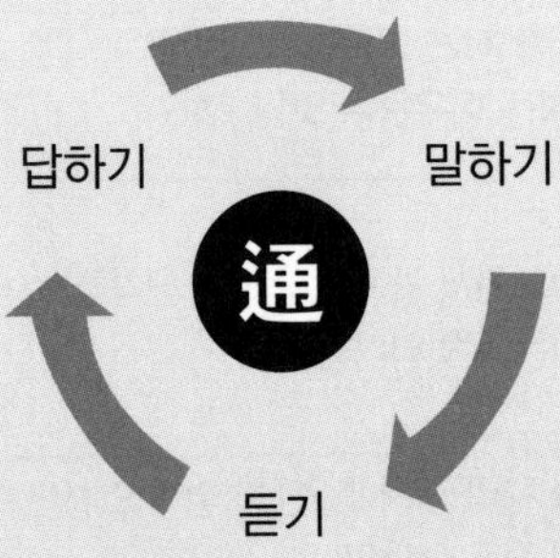
말하기
通
듣기
답하기

# 길거리 스피치

21

## •수업 열기•
## "동굴에서 광장으로!"

| | |
|---|---|
| **●입장** | 큰 소리로 인사하며 |
| **●짝꿍 옆에 앉는다.** | 잘 알지 못하는 동료가 좋은 짝꿍이다. |
| **●구호** | "Let's 통!" "반미고잘!" |
| **●존재 확인(출석 체크)** | 교수님의 호명에 아무 말이나 한마디로 대답한다.<br>(소통과 관련한 명언 등) |
| **●짝꿍 소통** | 짝꿍과 소통을 연습한다. 마주 보며, 명확하게!<br>① 먼저 웃으면 진다[1)]<br>② 지는 가위바위보[2)]<br>③ 폰 스토리텔링[3)]<br>④ 끝말잇기[4)]<br>⑤ 단어 스토리텔링[5)]<br>⑥ 동작 스피치[6)] |
| **●통통 인터뷰** | 매주 동료 2명 이상과 3분씩 인터뷰를 해서 내용을 기록한다.<br>이번 학기 목표 30명–수업 동료 25명, 교수와 직원 5명. |
| **●침묵 스피치** | 교실 탁자 앞에 나가 30초간 청중을 바라보고 들어간다. 익숙해진 후에는 인사나 인사말도 해 본다. 자원해서 나오도록 한다. |

---

1) 얼굴을 마주 서로 바라본다. 먼저 웃으면 진다. 3판.
2) 가위바위보 3판. 지는 사람이 이긴다. 진 사람은 "만세!", 이긴 사람은 박수!
3) 스마트폰의 사진 한 장을 골라 1분간 설명해 주고 궁금한 점을 묻는 질문에 답해 준다. 교대로.
4) "학교" "교실" "실내화"…처럼 끝말잇기
5) A가 단어를 말하고 그 단어를 이용해 한 문장으로 이야기를 한다. B가 단어를 말하고 그 단어를 이용해 한 문장으로 이야기를 한다. 단, 앞 뒤 이야기가 동화처럼 맥을 이뤄야 한다. 다음 단계에서는 A가 먼저 이야기를 한 다음에 단어를 말해 준다. B는 그 단어를 이용해 이야기를 잇고, 다음 단어를 말해 준다.
6) 바디 랭기지로 어떤 이야기를 나눈다. 나중에 표현 내용을 서로 확인해 본다. 3회 이상 메시지가 오가야 한다.

## 1. 길거리 스피치는…

(1) 길거리 스피치는 행인들 앞에서 발표를 하는 것이다. 말하기가 가장 어려운 상황에서 자신의 메시지를 행인들에게 주장이나 설득을 해 봄으로써 자신감을 최고 수준으로 끌어올릴 수 있는 좋은 기회이다.

(2) 그럼에도 불구하고 길거리 스피치는 상당히 어려운 말하기 실습이다. 우선, 행인들이 스피치에 주목하지 않기 때문이다. 행인들은 서 있지 않고 계속 지나간다. 이야기를 연결해서 듣는 게 아니라 자신이 지나갈 때의 이야기만 듣는다. 10초 정도의 기회가 있을 뿐이다. 그러니 이야기의 전달이 대단히 어렵다. 상당히 당황스러운 상황이다.

## 2. 발표 방법

(1) 이야기의 전달방식을 바꿔야 한다. 앞의 이야기를 들어 봐야 결론이 납득이 가는 '서론–본론–결론' 방식은 아무런 효과가 없다. 논리적으로 말하기는 피해야 한다. 결론을 반복하는 방식이 좋다. 똑같은 결론을 반복할 수 없으니 어휘나 소재를 바꿔 반복적으로 표현하는 것이 좋다. 이야기의 구성도 단순해야 한다.

(2) 예를 들어, "먼저 인사를 합시다!"를 설득시키려면 "인사는 사람과 사람 사이를 이어 줍니다. 먼저 인사해 보십시오. 인사는 다른 사람에 대한 배려입니다. 먼저 인사해 보십시오. 먼저 인사하는 사람이 형입니다. 먼저 인사해 보십시오." 이런 식으로 강조하려는 부분을 반복하는 것이 효과적이다.

(3) 길거리는 언제나 시끌벅적하다. 그런 상황에서 어떻게 하면 행인들을 주목시킬 수 있을까? 어떻게 하면 그들의 걸음걸이 속도를 조금이라도 늦추고, 다른 사람과 나누던 대화를 조금이라도 멈추게 할 수 있을까?

(4) 우선 그들보다 더 큰 목소리를 내서 행인들을 눈과 귀를 끌어들여야 한다. 주제가 그들이 관심이 가고 공감이 가는 것이어야 한다. 그리고 천천히 또박또박 말해야 한다. 그들의 시선을 끌기 위해서는 뭔가 볼거리를 제시하는 것이 효과적이다. 전하고자 하는 메시지의 내용을 시각화한 패널 같은 도구를 사용하는 것은 어떨까? 길거리에서 시위하는 사람

들이 피켓을 드는 데에는 그만한 이유가 있다. 피켓의 글씨는 크고 단순하고 컬러풀할수록 좋다.

① 행인들을 향해 소구하기에 적합한 주장이나 설득 거리를 찾아보자.

② 행인들을 위한 스피치는 논리적 구성보다 반복적 구성이 효과적이다.

제 6 부

# 일터에서 소통하기

# Let's 通!

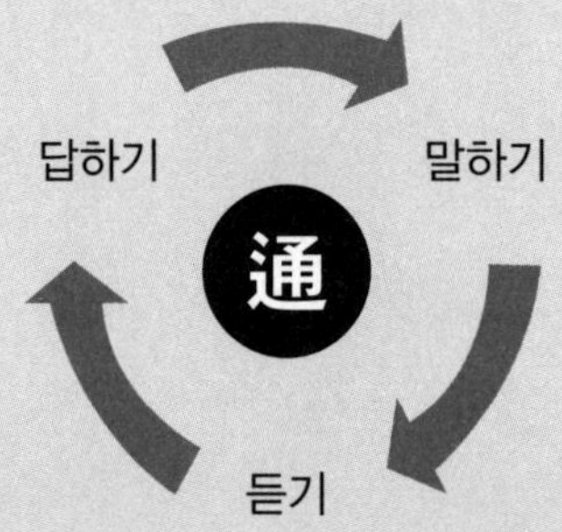
답하기
말하기
通
듣기

# 조직의 이해 22

## ●수업 열기●
## "동굴에서 광장으로!"

| | |
|---|---|
| ●입장 | 큰 소리로 인사하며 |
| ●짝꿍 옆에 앉는다. | 잘 알지 못하는 동료가 좋은 짝꿍이다. |
| ●구호 | "Let's 통!" "반미고잘!" |
| ●존재 확인(출석 체크) | 교수님의 호명에 아무 말이나 한마디로 대답한다.<br>(소통과 관련한 명언 등) |
| ●짝꿍 소통 | 짝꿍과 소통을 연습한다. 마주 보며, 명확하게!<br>① 먼저 웃으면 진다[1]<br>② 지는 가위바위보[2]<br>③ 폰 스토리텔링[3]<br>④ 끝말잇기[4]<br>⑤ 단어 스토리텔링[5]<br>⑥ 동작 스피치[6] |
| ●통통 인터뷰 | 매주 동료 2명 이상과 3분씩 인터뷰를 해서 내용을 기록한다.<br>이번 학기 목표 30명–수업 동료 25명, 교수와 직원 5명. |
| ●침묵 스피치 | 교실 탁자 앞에 나가 30초간 청중을 바라보고 들어간다. 익숙해진 후에는 인사나 인사말도 해 본다. 자원해서 나오도록 한다. |

1) 얼굴을 마주 서로 바라본다. 먼저 웃으면 진다. 3판.
2) 가위바위보 3판. 지는 사람이 이긴다. 진 사람은 "만세!", 이긴 사람은 박수!
3) 스마트폰의 사진 한 장을 골라 1분간 설명해 주고 궁금한 점을 묻는 질문에 답해 준다. 교대로.
4) "학교" "교실" "실내화"…처럼 끝말잇기
5) A가 단어를 말하고 그 단어를 이용해 한 문장으로 이야기를 한다. B가 단어를 말하고 그 단어를 이용해 한 문장으로 이야기를 한다. 단, 앞 뒤 이야기가 동화처럼 맥을 이뤄야 한다. 다음 단계에서는 A가 먼저 이야기를 한 다음에 단어를 말해 준다. B는 그 단어를 이용해 이야기를 잇고, 다음 단어를 말해 준다.
6) 바디 랭기지로 어떤 이야기를 나눈다. 나중에 표현 내용을 서로 확인해 본다. 3회 이상 메시지가 오가야 한다.

# 1. 인간은 다양한 조직 속에서 살아간다.

## 1) 조직이란 무엇인가?

(1) 명확한 목적을 가지고 이를 달성하기 위해 환경과의 상호 작용을 수행하는 조직적 혹은 협동적 행위 체계가 조직이다. 가정, 직장, 국가 모두 조직이다. 우리 모두는 조직 속에서 살아간다.

(2) 가장 작은 조직은 인체다. 인체는 상하좌우의 혈액 순환을 통해 생명을 유지한다. 혈관이 막히면 동맥 경화증이 되어 생명이 멈춘다. 인체를 보고 만든 것이 조직체다. 조직체는 사람들이 모여 상하좌우 의사소통을 함으로써 생명을 유지한다. 의사소통이 단절되면 조직체는 위기를 맞게 된다.

## 2) 조직활동은 소통활동

(1) 조직은 환경과도 상호작용(소통)을 해야 하지만 그 이전에 내부 팀워크를 형성해야 한다. 팀워크는 소통을 통해 이루어지고 소통은 축구 선수들이 패스를 하는 것과 비슷하다. 이러한 패스활동을 조직 커뮤니케이션이라 한다.

(2) 조직 커뮤니케이션은 다음과 같이 정의할 수 있다.

하나의 조직을 이루고 있는 성원(커뮤니케이터)들이

- 조직의 공동 목적을 협동적으로 달성하기 위하여
- 조직의 제반 활동에 대한 정보(메시지)를 구두 언어나 문서, 출판물(매체)을 통하여
- 조직 내 상하좌우 계층의 성원(수용자)들에게
- 인간 조직이라는 상황(organizational setting)하에서 서로 전달하여
- 조직의 공동과제(tasks)를 수행하는 동시에, 조직을 계속 유지시키고, 구성원 개개인의 필요성이나 욕망을 충족시키는 과정

## 3) 조직 커뮤니케이션의 결과

(1) 조직 내 소통활동이 잘 되면 조직체는 높은 생산성, 좋은 품질의 서비스, 고객 만족, 긍정적인 기업 이미지 등의 성과를 낼 수 있다.

(2) 구성원들도 소통활동 참여를 통해 심리적인 만족감, 사기, 응집력, 충성심, 동기 등을 얻게 된다. 또 일을 해 나가는 과정과 교육훈련을 통해서 자기의 능력을 발휘하고 잠재능력을 개발할 수 있다.

(3) 조직 내 소통활동은 '공동 목적' 추구를 위한 것이다. 따라서 조직 구성원들은 조직의 목적을 충분히 이해해야 한다. '무엇이 중한디?'를 알아야 소통활동을 잘 할 수 있다.

## 2. 조직의 소통 흐름

### 1) 조직은 다음과 같은 3가지 방향의 소통활동을 한다

(1) 하통(Downward Communication): 지시, 명령 등

(2) 상통(Upward Communication): 제안, 기안, 보고 등

(3) 옆통(Horizontal Channel): 연락, 상담, 면담, 토론, 토의, 회의, 협상 등

### 2) 조직은 소통활동을 통해 경영활동을 해 나간다

조직은 소통활동을 통해 의사결정, 문제해결, 정보공유, 합의 협력 등 경영활동을 해 나간다. 그래서 조직 구성원이 하는 일은 대부분 소통과 관련이 있다. 조직 구성원들이 갖춰야 할 제1의 역량이 소통임을 부인할 수 없다.

### 3) 상통을 잘하려면?

(1) 상사와 좋은 관계를 맺어야 한다. 상사는 소통이 힘든 상대이면서, 동시에 가장 필요한 상대이기도 하다.

(2) 보고를 잘해야 한다. 상사에게 보고하고 지시나 조언을 받는 것은 호흡과 같다. 이를 통해 상사는 업무 파악을, 부하는 업무 상황을 공유할 수 있다.

(3) 지시를 잘 받아야 한다.

### 4) 하통을 잘하려면?

(1) 부하를 잘 파악해야 한다.

(2) 보고를 잘 받아야 한다.

(3) 지시를 잘 해야 한다.

### 5) 옆통을 잘하려면?

(1) 동료, 옆 부서와 좋은 관계를 맺어야 한다,

(2) 기능의 벽을 넘어 소통하고 협력해야 한다.

(3) 동료, 옆 부서를 고객으로 섬겨야 한다.

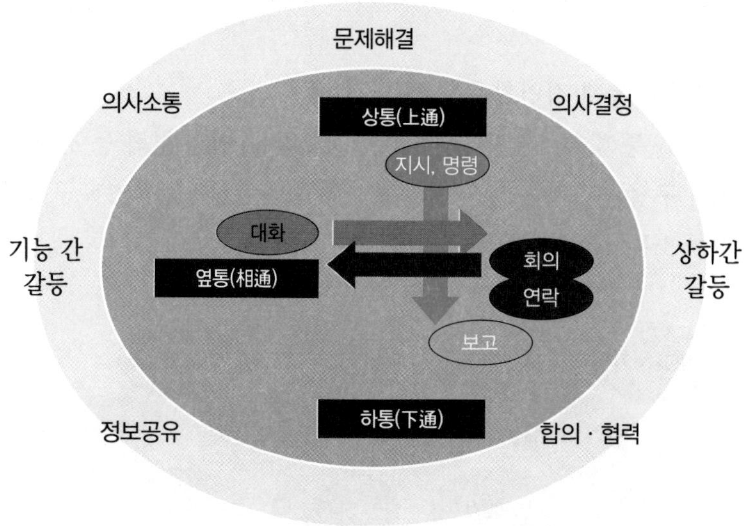


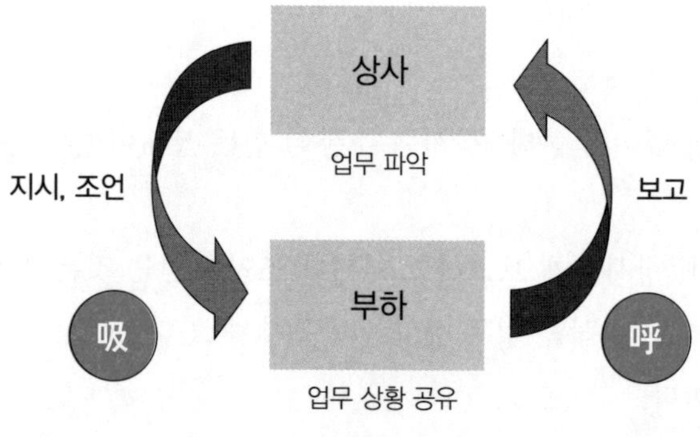

## 3. 보고-지시-회의

### 1) 지시를 잘 받는 방법

(1) 기록(기억)하라.

(2) 지시 의도(목적)를 정확히 파악하라. 목적을 알아야 적절한 방법을 찾을 수 있다.

(3) 지시 내용 중 궁금한 사항은 반드시 확인하라. 지시 내용을 이행하는 데 필요한 정보를 물어라.

(4) 상사의 지시문을 완성시켜 목적과 의도가 맞는지 상사에게 확인을 받아라.
"그러니까. 말씀을 종합하면 ~~죠?"

(5) 즉시 실행하라. 보고하라. 실행 후 결과를 지시자의 언어로 보고하라.

### 2) 지시를 잘 하는 방법

(1) 목적, 배경을 알려 줘라.

(2) 궁금한 점이 없도록 명확히 구체적으로 설명하라.

(3) 구체적인 사항은 위임하라.

(4) 지시 내용이 제대로 전달되었는지 확인하라. (피드백)

### 3) 보고를 잘하는 방법

(1) 지시받은 내용에 맞춰 보고하라.

(2) 궁금한 게 없게 상세히 보고하라.

(3) 중간 진행 상황도 보고하라. 상황이 달라지면 다시 지시를 받아라.

(4) 마감을 꼭 지켜라.

(5) 상사의 코드에 맞춰라.

### 4) 보고를 잘 받는 방법

(1) 집중하라.

(2) 끝까지 들어라.

(3) 의견이 다르더라도 포용하라.

(4) 맥락도 읽어라.

### 5) 회의하는 방법

(1) 회의 주제를 파악하라.

(2) 회의 참석자를 파악하라.

(3) 적절한 자료를 준비하라.

(4) 의견을 뒷받침할 자료를 준비하라.

(5) 절대로 늦지 마라.

## 4. 실습

(1) 감자 쌓기

팀장이 신입사원에게 다음과 같이 지시했다. 3일 동안 일을 마친 신입사원은 괴로워하며 울고 있었다. 왜 그랬을까?

> 첫날에는, "감자밭에서 감자를 캐세요." 다음 날에는, "감자를 한 곳에 쌓으세요." 마지막 날이 되자, "큰 감자는 오른쪽에, 작은 감자는 왼쪽에 쌓으세요."

(2) 엄마가 순이에게 다음과 같이 지시를 했다. 당신이라면 어떻게 답할 것인가?

> "순이야, 학교에 갔다 집에 올 때 라면 하나, 계란 2개, 콜라 2병을 사 오거라."

(3) 권위주의적인 팀장이 신입사원에게 다음과 같이 지시했다. 당신이라면 어떻게 답할 것인가?

> "김 신입사원, 지금 당장 인사부에 가서 출장 신청해 가지고, 기획실에 가서 예산 통제 받아서, 경리부에 가서 출장비 받아 와요. 알겠나요?"

(4) 팀장이 신입사원에게 다음과 같이 지시했다. 당신이라면 어떻게 답할 것인가?

"자네, 내일 아침 부산행 KTX 표 1장만 예매해 주게."

(5) 팀장이 신입사원에게 다음과 같이 지시했다. 당신이라면 어떻게 답할 것인가?

"김철수 씨, 교육과학기술부 김 사무관에게 우리 회의 자료를 제출하고, 돌아오는 길에 중앙도서관에 들러서 이의용 교수의 책을 한 권 빌려다, 마케팅 부장께 전해 드리세요."

나의 소통 One Change!

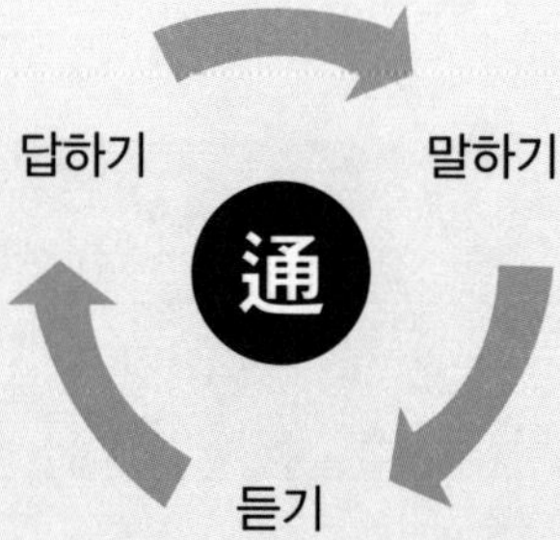
답하기
말하기
通
듣기

# 23 갈등과 협력

## ●수업 열기●
## "동굴에서 광장으로!"

| | |
|---|---|
| ●입장 | 큰 소리로 인사하며 |
| ●짝꿍 옆에 앉는다. | 잘 알지 못하는 동료가 좋은 짝꿍이다. |
| ●구호 | "Let's 통!" "반미고잘!" |
| ●존재 확인(출석 체크) | 교수님의 호명에 아무 말이나 한마디로 대답한다.<br>(소통과 관련한 명언 등) |
| ●짝꿍 소통 | 짝꿍과 소통을 연습한다. 마주 보며, 명확하게!<br>① 먼저 웃으면 진다[1)]<br>② 지는 가위바위보[2)]<br>③ 폰 스토리텔링[3)]<br>④ 끝말잇기[4)]<br>⑤ 단어 스토리텔링[5)]<br>⑥ 동작 스피치[6)] |
| ●통통 인터뷰 | 매주 동료 2명 이상과 3분씩 인터뷰를 해서 내용을 기록한다.<br>이번 학기 목표 30명–수업 동료 25명, 교수와 직원 5명. |
| ●침묵 스피치 | 교실 탁자 앞에 나가 30초간 청중을 바라보고 들어간다. 익숙해진 후에는 인사나 인사말도 해 본다. 자원해서 나오도록 한다. |

1) 얼굴을 마주 서로 바라본다. 먼저 웃으면 진다. 3판.
2) 가위바위보 3판. 지는 사람이 이긴다. 진 사람은 "만세!", 이긴 사람은 박수!
3) 스마트폰의 사진 한 장을 골라 1분간 설명해 주고 궁금한 점을 묻는 질문에 답해 준다. 교대로.
4) "학교" "교실" "실내화"…처럼 끝말잇기
5) A가 단어를 말하고 그 단어를 이용해 한 문장으로 이야기를 한다. B가 단어를 말하고 그 단어를 이용해 한 문장으로 이야기를 한다. 단, 앞 뒤 이야기가 동화처럼 맥을 이뤄야 한다. 다음 단계에서는 A가 먼저 이야기를 한 다음에 단어를 말해 준다. B는 그 단어를 이용해 이야기를 잇고, 다음 단어를 말해 준다.
6) 바디 랭기지로 어떤 이야기를 나눈다. 나중에 표현 내용을 서로 확인해 본다. 3회 이상 메시지가 오가야 한다.

## 1. 갈등

(1) 조직은 소통 공동체이지만 다양한 구성원, 집단 간에 갈등이 발생하여 조직의 소통활동을 저해하기도 한다.

① 첫째는 개인의 내적인 갈등이 있다. 조직 생활 자체에 대한 고민이 원인이다.

② 둘째는 다른 구성원과의 갈등이다. 서로 다른 개성, 출신, 업무 스타일, 경쟁 등이 원인이다.

③ 셋째는 개인과 조직 간의 갈등이다. 조직의 목적과 목표, 자신의 목적과 목표가 일치하지 않는 데서 오는 갈등이다.

④ 넷째는 조직 내 집단 간의 갈등이다. 특히 조직 내에서 권력을 확보하려는 통제, 파벌 같은 것이 원인이 된다. 특정 학교 출신 동문 간의 갈등도 있다.

이러한 갈등은 조직의 규모가 커지고 기능이 다양해질수록 더 심해져 조직의 기능을 마비시켜 조직을 병들게 한다.

(2) 조직의 갈등은 전체 조직의 목표는 같지만, 부분의 목표가 다른 데서 온다. 또 집단 간 목표의 차이로 인해 초래되는 집단 간의 지각 차이로 오기도 한다. 지위나 신분, 제한된 자원 등도 원인이 된다. 갈등은 정기능도 있지만 역기능이 크다.

(3) 갈등은 칡(葛)넝쿨과 등(藤)나무줄기에서 따온 말이다. 나무를 타고 오르는 두 나무 넝쿨과 줄기가 도는 방향이 달라 서로 싸우는 데서 따온 말이다. 견해, 주장, 이해관계 등이 서로 달라 적대시하거나 불화를 일으키는 상태이다.

(4) 업무로 인한 갈등은 창의적인 방법으로 해결할 수 있지만, 사람 간의 갈등은 소통으로 풀어야 한다. 옛날 유럽 어느 지역에서는 귀부인이 탄 가마가 좁은 골목에서 만날 경우 양측의 기사가 나와 결투를 벌여 먼저 지나가는 순서를 정했다고 한다. 기사들의 억울한 죽음으로 귀족들이 협상에 나서, 나이 많은 사람이 먼저 지나가는 걸로 결정하면서 문제는 해결이 되었다. 소통과 창의성으로 문제를 해결한 것이다.

(5) 사람과 사람 사이의 갈등을 해결하는 가장 좋은 방법은 직면(直面) 소통이다.

① 상대방을 직접 대한다. 제3자를 통한 간접 소통, 추측을 지양한다.

② 상대방이 알고 있는 사실(fact)과 원하는 것(needs)을 정확히 파악한다.

③ 합리적인 토론을 통해 가장 시급하고 중요한 것부터 해결해 나간다.

(6) 다양한 사람이 일하는 조직 내에서 갈등은 불가피하다. 갈등은 이겨내면 약, 이겨내지 못하면 독이 된다. 따라서 갈등을 얼마나 잘 해결하느냐가 조직의 힘이다. 조직에서 가장 갈등이 심한 사이는 가장 자주 만나는 팀원과 팀장, 팀원과 팀원이다. 갈등은 상대방의 입장에 서 봐야 줄일 수 있다. 그런데 말이 안 통하는 사람은 자기 생각에서 한 발짝도 나오지 않는다. 구성원들, 특히 리더들이 소통 기술을 익혀야 갈등을 예방할 수 있다. "**Mis**communication, **poor**communication, **no**communication make **problems**." 지그 지글러(Zig Ziglar)의 말이다.

## 2. 갈등 사례

(1) 일과를 마치면 술 한 잔으로 하루의 스트레스를 풀기 원하는 팀장. 그러다 보니 개인적인 시간관리가 엉망이 되고 말지만 팀장의 간곡한 청을 뿌리치기가 어렵다.

(2) 너무도 바쁜데, 옆 부서 '김 부장이 보고서를 대신 작성해 달라고 한다. 어떻게 하지? 나도 바쁜데 거절할까? 거절하면 미운털 박힐 것 같은데…. 그렇다고 한 번 해 주면 앞으로도 자주 부탁을 할 텐데…. 이를 어떻게 수습해야 한담?

(3) 팀장은 입사 동기생인 우리 둘을 차별한다. 일다운 일은 P에게 주고 나에게는 늘 허드렛일만 준다. P는 팀장 대학 후배다. 어떻게 해야 하나?

(4) 팀장의 지시로 며칠째 야근을 해 가며 업무를 처리해 왔는데, 마무리 단계에서 방향을 바꾸어 맥이 빠진다. 벌써 두 번째다. 선배들이 예상을 했다는 표정으로 상황을 지켜본다. 앞으로 어떻게 해야 하나?

(5) 팀장을 빼고 부서 선배들과 회식을 하러 자주 간다. 그때마다 팀장에 대한 '뒷담화'가 시작된다. 너무 심하다 할 정도로 팀장에 대한 인신공격성 비판이 나오는데, 어떻게 처신해야 할지 모르겠다. 나도 함께 비판을 해야 하나?

(6) 고위층의 지시라며 팀장은 비정상적인 업무를 자주 지시한다. 사실과 다른 공문서를 작성하고, 누가 봐도 떳떳하지 않은 일을 자주 시킨다. 그때마다 '내가 이런 일 하러 입사했나?' 하는 생각이 든다. 어떻게 해야 하나?

(7) 회사의 자재를 납품하는 이가 있다. 사내 간부들은 다들 그를 특별히 대접한다. 오너의 친척이기 때문이다. 그런데 그가 납품하는 자재에서 가끔 문제가 발견된다. 불량한 재료가 섞여 있는 것이다. 상사에게 보고를 했으나, 상사는 눈감아 주라고 은밀하게 지시를 한다. 일단 보고를 했으니 내가 책임질 일은 아니지만, 담당자로서 난감하다. 업무 결과는 내가 책임져야 하는데…. 어떻게 해야 하나?

(8) 직장생활 1년을 넘어선 이 시점… 지방대 경영학 전공에 법학을 부전공하고, 400인 이상 제조기업 인사관리팀에 입사한 지 1년 4개월 정도 되었다. 처음에는 나름 전공과도 연계성이 있어 시작했지만, 지금까지 한 것을 뒤돌아 보면 인사관리팀에 있으면서 무엇을 했는지 하는 의구심이 점점 들고 있다. 제조기업이 다 그렇듯이 열악한 근무환경에도 불구하고 나름 꿋꿋이 열심히 했지만, 누가 지난 1년 4개월 동안 무엇을 했냐고 하면 할 말이 없다. 인사와 총무가 같이 있어 한 일이라고는 관리가 아니라 상태 유지하는 데 급급했던것 같다. 결혼 관계로 이직을 생각하고 있는데, 내세울 만한 무기 하나 없는 게 참 부끄럽다.

## 3. 리더십과 팔로워십

(1) 리더십의 원천은 (영향력)이다. 이 힘은 조직이 부여한 것이다. 그러나 이 힘은 리더 스스로 만든 다른 힘이 더해져야 더 커진다. 주어진 힘은 거두면 아무 것도 안 남지만, 리더 스스로 만든 힘은 주어진 힘을 거두어도 여전히 힘으로 남는다. 리더십은 그래서 부하들을 이끄는 힘이라기보다는 윗사람, 동료, 그리고 자신을 이끄는 힘이다.

(2) 리더십 스타일은 팔로워들에게 많은 영향을 미치며, 갈등의 원인이 된다. 특히 권한 위임과 소통 능력이 주요인이다. 그래서 '상사와 리더'를 구분하는 표가 만들어졌다.

| 관리자(상사) | 리더 |
|---|---|
| 공포를 심어 준다. | (　　　　　)을 준다. |
| '내가'라고 말한다. | '(　　　　　)'라고 말한다. |
| 방법을 알고만 있다. | 방법을 가르쳐 준다. |
| 부하의 잘못을 꾸짖기만 한다. | 부하의 잘못을 고쳐 준다 |
| 일을 고역스럽게 한다. | 일을 즐겁게 만든다. |
| 일을 바르게 한다. | 바른 일만을 한다. |
| 부하를 맹종자로 만든다. | 부하를 (　　　　　)로 만든다. |

(3) 우리나라에서는 팔로워십을 잘 안 가르치는데, 팔로워십은 리더십에 대조되는 좋은 개념이다. 팔로워는 도움을 필요로 하는 리더를 돕는 존재로, 리더와 팔로워는 서로 평등하며 공생의 관계다. 자발적으로 의욕을 가지고 리더를 따르며 돕는 팔로워십은 리더십 못지않게 중요하다.

(4) 좋은 리더십은 좋은 팔로워십에서 출발한다. 훌륭한 리더가 훌륭한 팔로워를 만들기도 하지만, 훌륭한 팔로워가 훌륭한 리더를 만들기도 한다. 역사상 훌륭한 리더와 훌륭한 팔로워로는 유비와 제갈공명, 세종대왕과 장영실, 오바마와 힐러리, 그리고 손흥민과 케인 등을 들 수 있다. 그러나 부정적인 팔로워도 있다. 그런 유형을 '쫄따구'라고 부르며 팔로워와 구별한다.

| 쫄따구 | 팔로워 |
|---|---|
| 어떻게 할까요? | ( ) |
| 시켜도 안 한다. | 알아서 한다. |
| 아부로 인정받는다. | 일로 인정받는다. |
| 힘들게 일한다. | 재미있게 일한다. |
| 필요할 때 없다. | 필요할 때 있다. |
| 불만을 뒤에서 말한다. | 불만을 앞에서 말한다. |
| 상사의 눈치를 보느라 힘들다. | ( )이 많아 힘들다. |
| 자신을 ( )라고 생각한다. | 자신을 ( )라고 생각한다. |

(5) 조직 내에서 좋은 리더십과 좋은 팔로워십이 활발해질 때 조직은 공동체로 발전할 수 있다. 서로 상대방이 듣고 싶어 하는 말만 자주 사용해도 보다 협력적인 관계를 이룰 수 있다.

| 리더가 듣고 싶어 하는 말 | 팔로워가 듣고 싶어 하는 말 |
|---|---|
| • "믿고 맡겨 주셔서 감사합니다."<br>• "그 일은 제게 맡겨 주십시요."<br>• "최선을 다해 보겠습니다."<br>• "좋은 방안을 가르쳐 주셔서 감사합니다."<br>• "제가 한번 해 보겠습니다."<br>• "그건 제 잘못입니다. 즉시 고치겠습니다."<br>• "같이 일하게 되어 정말 자랑스럽습니다."<br>• "개인적인 일인데 상의 드려도 될까요?"<br>• "작은 일까지 신경써 주셔서 감사합니다."<br>• "이번에 일을 많이 배웠습니다."<br>• "말씀하신 대로 했더니 과연 잘 됐습니다." | "내가 뭘 도와줄까요?"<br>"역시 당신은 믿을 만해!"<br>"덕분에 이번 일이 잘 됐습니다!"<br>"처음부터 잘하는 사람이 어딨나요? 자신감 갖고 한번 해 봐요!"<br>"책임은 내가 질 테니, 한번 해 봐요!"<br>"실수도 있는 법이니 다음에는 잘해 봅시다!"<br>"혼자 고민하지 말고, 같이 해 봅시다!"<br>"당신은 우리 회사에 꼭 필요한 사람입니다!"<br>"맡은 일에 최선을 다 줘서 고마워요!"<br>"좋은 생각인데 이렇게 해 보면 어떨까요?"<br>"늘 수고가 많아요. 고마워요!" |

## 4. 협력

# 協

(1) 하루에 불과 20개의 핀을 만들던 공장이 10명씩 팀을 만들어 팀워크 작업을 하자, 하루에 4만 8천 개를 만들어 냈다고 한다. 협력의 힘이다. 한자로 '협력(協力)'을 표현하는 '協'자는 힘(力) 셋을 합친다(+)고 해석할 수 있는 모양이다.

(2) 세상에는 혼자 할 수 없는 일들이 많다. 여행을 하면서 경치 좋은 곳 앞에 서서 누군가에게 카메라를 건네 주며 사진을 찍어 달라고 부탁하는 건 참 번거로운 일이다. 그래서 필자는 여행 초기에 좋은 파트너를 찾아 본다. 그리고 서로 협력을 약속한다. 나는 그들을, 그들은 우리 가족을 수시로 찍어 주는 것이다. 각자의 카메라로. 그리고는 나중에 파일을 주고받는다.

(3) 두 사람이 200평의 땅을 절반으로 나누어 울타리를 쌓고 집을 짓기로 했다. 각자 100평의 땅에 40평의 집을 지었다. 정원은 60평. 그러나 두 사람이 연합하여 담을 헌다면 120평의 정원을 갖게 된다.

(4) 호랑이는 각자 도생하지만 사자나 하이에나 같은 동물은 떼를 지어 팀워크를 발휘하며 사냥에 나선다. 신체적으로는 연약한 인간이 지구상의 모든 만물을 지배하는 힘은 어디에서 나오는 것일까? 고등지능, 손발 사용, 도구 제작 사용이 탁월한 힘이 되었을 것이다. 그러나 그보다 더 큰 힘은 언어를 통한 의사소통력이다. 소통을 통해 탁월한 힘을 연결하여 더 큰 힘을 이루기 때문에 인간은 지구를 지배할 수 있다.

(5) 우리가 사는 이 시대는 각자 도생의 시대가 아니다. 협력과 연합, 융합의 시대다. 시너지, 콜라보레이션 같은 단어가 점점 더 중요해지고 있다. 공부도 혼자 하기보다는 여럿이 함께 하는 것이 효과적임은 잘 알려진 사실이다. 집단지성의 힘은 강하다. 그래서 세상은 소통을 잘하고 협력할 수 있는 사람을 찾고 있다.

소통은 말하기, 듣기로 완성된다. 말하기는 도움을 받는 기술이고, 듣기는 도움을 주는 기술이다. 말하기, 듣기를 통해 협력을 이뤄나가야 한다. 그런데 토끼와 거북이는 왜 말도 안 되는 경주를 했을까? 둘이 소통하며 협력을 했더라면 얼마나 좋았을까?

나의 소통 One Change!

# 말이 통하는 신입사원

24

## ●수업 열기●
## "동굴에서 광장으로!"

| | |
|---|---|
| ●입장 | 큰 소리로 인사하며 |
| ●짝꿍 옆에 앉는다. | 잘 알지 못하는 동료가 좋은 짝꿍이다. |
| ●구호 | "Let's 통!" "반미고잘!" |
| ●존재 확인(출석 체크) | 교수님의 호명에 아무 말이나 한마디로 대답한다.<br>(소통과 관련한 명언 등) |
| ●짝꿍 소통 | 짝꿍과 소통을 연습한다. 마주 보며, 명확하게!<br>① 먼저 웃으면 진다[1)]<br>② 지는 가위바위보[2)]<br>③ 폰 스토리텔링[3)]<br>④ 끝말잇기[4)]<br>⑤ 단어 스토리텔링[5)]<br>⑥ 동작 스피치[6)] |
| ●통통 인터뷰 | 매주 동료 2명 이상과 3분씩 인터뷰를 해서 내용을 기록한다.<br>이번 학기 목표 30명–수업 동료 25명, 교수와 직원 5명. |
| ●침묵 스피치 | 교실 탁자 앞에 나가 30초간 청중을 바라보고 들어간다. 익숙해진 후에는 인사나 인사말도 해 본다. 자원해서 나오도록 한다. |

1) 얼굴을 마주 서로 바라본다. 먼저 웃으면 진다. 3판.
2) 가위바위보 3판. 지는 사람이 이긴다. 진 사람은 "만세!", 이긴 사람은 박수!
3) 스마트폰의 사진 한 장을 골라 1분간 설명해 주고 궁금한 점을 묻는 질문에 답해 준다. 교대로.
4) "학교" "교실" "실내화"…처럼 끝말잇기
5) A가 단어를 말하고 그 단어를 이용해 한 문장으로 이야기를 한다. B가 단어를 말하고 그 단어를 이용해 한 문장으로 이야기를 한다. 단, 앞 뒤 이야기가 동화처럼 맥을 이뤄야 한다. 다음 단계에서는 A가 먼저 이야기를 한 다음에 단어를 말해 준다. B는 그 단어를 이용해 이야기를 잇고, 다음 단어를 말해 준다.
6) 바디 랭기지로 어떤 이야기를 나눈다. 나중에 표현 내용을 서로 확인해 본다. 3회 이상 메시지가 오가야 한다.

## 1. 상사와의 갈등

(1) 직장인의 95.8%는 직장 상사와 갈등을 겪은 적이 있다. 이들 중 90.2%는 상사와의 갈등 때문에 퇴사나 이직을 생각해 본 적도 있다.[7)]

| | |
|---|---|
| 갈등 빈도 | • 월 1~2회 (34.1%) • 주 1~2회 (32.4%)<br>• 주 3~4회 (14.9%) • 거의 매일 겪는다 (14.2%) |
| 갈등의 주된 원인<br>(*복수응답) | • 업무 지시에 일관성이 없어서 (64.5%)<br>• 내 업무가 아닌 것까지 시켜서 (38.9%)<br>• 성격 차이 때문에 (35.9%)<br>• 회식 및 야근을 강요해서 (8.8%)<br>• 내 업무 실적을 가로채서 (5.9%) 등 |
| 상사와 갈등이<br>발생할 경우 대처 방법<br>(*복수응답) | • 사적인 감정을 배제하고 업무적으로만 대한다 (71.8%)<br>• 서로의 다름을 인정하고 존중하기 위해 노력한다 (33.9%)<br>• 상사에게 직접 문제를 제기한다 (27.1%) 등 |
| 최고의 상사 | • 권위적이지 않고 다양한 의견을 들을 줄 아는 상사 (44.8%)<br>• 일과 개인생활의 균형을 존중해 주는 상사 (25.8%)<br>• 자신의 실수를 인정할 줄 아는 상사 (12.3%) 등 |
| 최악의 상사 | • 책임질 일에 '나 몰라라' 하는 상사 (34.9%)<br>• 막말이나 갑질 등을 일삼는 상사 (30.3%)<br>• 감정적으로 일처리를 하는 상사 (11.1%) 등 |

(2) 직장인의 24.2%는 직장 상사와의 성격 차이로 인해서 갈등이나 마찰을 겪는다.[8)]

| | |
|---|---|
| 갈등의 주된 원인 | • 성격차이가 커서 (24.2%)<br>• 부하 직원을 하인 부리듯 해서 (17.8%)<br>• 직장 상사가 일을 너무 못하거나 안 해서 (17.1%)<br>• 부하 직원의 능력을 인정해 주지 않아서 (12.1%)<br>• 너무 많은 일을 시켜서 (11.9%)<br>• 폭언이나 비난 등 인격적으로 무시해서 (8.8%) |
| 갈등 해결 방법 | • 동료들과 이야기(상사 뒷담화 등)를 통해 푼다 (36.2%)<br>• 혼자 삭힌다 (22.4%)<br>• 가급적 더 큰 마찰이 생기지 않도록 피한다 (20.8%)<br>• 술자리 등 상사와 인간적으로 대화할 수 있는 자리를 만든다 (10.4%)<br>• 회의나 면담 요청 등 업무적으로 해결한다 (8.5%)<br>• 직접적으로 상사와 해결하기보다는 간접적으로 해결하는 것으로 나타났다. |
| 직장 상사와 친해지기<br>위한 효과적인 방법<br>(*복수응답) | • 직장 상사가 지시하기 전에 먼저 일을 찾아 한다 (66.8%)<br>• 직장 상사보다 먼저 출근하고 늦게 퇴근한다 (24.2%)<br>• 수시로 직장 상사에게 칭찬을 한다 (18.0%)<br>• 직장 상사와 같은 취미활동을 한다 (13.0%) |

7) 잡코리아 2017년 7월 조사
8) 취업포털 커리어 2008년 조사

## 2. 신입 직장인을 위한 조언[9)]

### (1) 신입사원이 절대 해서는 안 되는 실수

1위: 근태, 복장 등 기본적인 예의 실수 (31.9%)
2위: 상사 뒷담화 들키는 말실수 (28.2%)
3위: 업무 중 과도한 딴짓 (27.5%)
4위: 분위기 파악 못 하는 행동 (23.2%)
5위: 지시와 다른 방향으로 업무 진행 (17.3%)
6위: 회식 술자리에서 말실수 (16.2%)

### (2) 신입사원들이 가장 자주 하는 실수

1위: 지시와 다른 방향으로 업무 진행 (32.1%)
2위: 분위기 파악 못하는 행동이나 발언 (10.9%)
2위: 전화 응대 실수 (10.9%)
4위: 첨부 파일 빠트리는 등 이메일 실수 (10.8%)
5위: 근태, 복장 등 기본적인 예의 실수 (9.9%)
6위: 직급을 잘못 부르는 등 호칭 실수 (7.1%)

### (3) 신입사원 시절 실수했을 때의 바람직한 행동(복수응답)

1위: 즉시 인정하고 용서를 구한다 (72.1%)
2위: 상사나 선배의 도움을 요청한다 (52.3%)

### (4) 신입사원이라는 이유로 실수를 눈감아 줄 수 있는 기간

입사 후 5개월까지(평균)

9) 사람인 2020년 조사

### (5) 신입사원에게 직장생활에 대해 가장 해 주고 싶은 조언

1위: 잊어버리지 않도록 메모하라 (29.4%)
2위: 모르면 알 때까지 물어봐라 (22%)
3위: 확인하고 또 확인해라 (11.8%)
4위: 실수에 너무 기죽지 마라 (10.3%)
5위: 실수를 확실히 인정하고 사과하라 (6.9%)
6위: 같은 실수는 반복하지 마라 (6.7%)

나의 소통 One Change!

# 리포트 작성 25

## ●수업 열기●
## "동굴에서 광장으로!"

| | |
|---|---|
| ●입장 | 큰 소리로 인사하며 |
| ●짝꿍 옆에 앉는다. | 잘 알지 못하는 동료가 좋은 짝꿍이다. |
| ●구호 | "Let's 통!" "반미고잘!" |
| ●존재 확인(출석 체크) | 교수님의 호명에 아무 말이나 한마디로 대답한다.<br>(소통과 관련한 명언 등) |
| ●짝꿍 소통 | 짝꿍과 소통을 연습한다. 마주 보며, 명확하게!<br>① 먼저 웃으면 진다[1)]<br>② 지는 가위바위보[2)]<br>③ 폰 스토리텔링[3)]<br>④ 끝말잇기[4)]<br>⑤ 단어 스토리텔링[5)]<br>⑥ 동작 스피치[6)] |
| ●통통 인터뷰 | 매주 동료 2명 이상과 3분씩 인터뷰를 해서 내용을 기록한다.<br>이번 학기 목표 30명-수업 동료 25명, 교수와 직원 5명. |
| ●침묵 스피치 | 교실 탁자 앞에 나가 30초간 청중을 바라보고 들어간다. 익숙해진 후에는 인사나 인사말도 해 본다. 자원해서 나오도록 한다. |

1) 얼굴을 마주 서로 바라본다. 먼저 웃으면 진다. 3판.
2) 가위바위보 3판. 지는 사람이 이긴다. 진 사람은 "만세!", 이긴 사람은 박수!
3) 스마트폰의 사진 한 장을 골라 1분간 설명해 주고 궁금한 점을 묻는 질문에 답해 준다. 교대로.
4) "학교" "교실" "실내화"…처럼 끝말잇기
5) A가 단어를 말하고 그 단어를 이용해 한 문장으로 이야기를 한다. B가 단어를 말하고 그 단어를 이용해 한 문장으로 이야기를 한다. 단, 앞 뒤 이야기가 동화처럼 맥을 이뤄야 한다. 다음 단계에서는 A가 먼저 이야기를 한 다음에 단어를 말해 준다. B는 그 단어를 이용해 이야기를 잇고, 다음 단어를 말해 준다.
6) 바디 랭기지로 어떤 이야기를 나눈다. 나중에 표현 내용을 서로 확인해 본다. 3회 이상 메시지가 오가야 한다.

## ■ 굿 리포트 만들기[7)]

조직에서 문서작성은 일상의 업무다. 상하좌우 사람들과 문서로 소통을 하기 때문이다. 종이는 사용하지 않지만, 디지털 문서를 작성하는 일이 일상이다. 특히 상사에게 보고하는 리포트는 중요하다. 문서를 통한 의사소통 능력을 기르기 위해서는 대학에서 비즈니스 리포트 작성 훈련을 잘 받아야 한다. 다음은 대학생을 위한 리포트 작성법이다. 이를 기초로 비즈니스 리포트 작성을 연습해 보자.

(1) 리포트의 목적과 의도를 정확히 파악하라.
(2) 배경 설명을 들은 후 미루지 말고 즉시 시작하라!
(3) 주제에 맞는 재료를 풍부하게 확보하라. 좋은 재료가 좋은 집을 짓는다.
(4) 인용하되, 출처를 밝혀라!
(5) 새롭고 창의적인 내 생각을 담아라!
(6) 구슬이 서 말이라도 꿰어야 보배다. 재료를 나열하지 말고 논리적으로 구성하라!
(7) 궁금함이 없게 정확하게(Correct) 표현하라!
(8) 군더더기는 가려내고 짧은 문장으로 간결하게(Simple) 표현하라!
(9) 이해하기 쉽게(Easy) 써라!
(10) '읽는 리포트'가 아니라 '보는 리포트'를 만들라!
(11) 평가자가 편리하게 만들어라. (규격, 표지, 제본, 문자, 행간, 중간제목, 문단)
  ① 규격 용지(A4)에 한 면만 인쇄하라.
  ② 손으로 적기보다는 컴퓨터로 작성하여 인쇄하라. 그것이 가독성이 높다. 물론 손으로 쓰기를 원하는 교수들도 있다.
  ③ 표지는 3면 이상일 때에만 만들어라.
  ④ 2면 이상일 때에는 쪽 번호를 붙이고 반드시 철(綴)하라. 그래야 다른 리포트와 섞이지 않는다.
  ⑤ 3~4매는 좌측이나 우측 상단을 1회 철하라. 5매 이상은 좌측 여백에 책자처럼 2회 철하는 것이 좋다.
  ⑥ 다른 리포트와 연결하거나 합철하지 말라! 자칫 점검에서 누락될 수 있다.

7) 유투브 이의용TV, '굿 리포트 만들기 1~6' 참조.

⑦ 읽기 편하게 편집하라.

- 제목, 본문, 각주의 글자 크기, 모양을 구분하라.
- 가독성이 낮은 특별한 모양의 서체는 피하라. 제목은 고딕체로, 본문은 명조체가 좋다.
- 중요한 부분은 글자 모양, 크기 등으로 눈에 띄게 하라.
- 본문 글자 크기는 10~11포인트가 좋다.
- 읽기 편하게 '왼쪽 끝 맞추기'를 지키고, 글줄 길이가 너무 길지 않도록 조절하라.
- 읽기에 불편하지 않게 행간을 조절하라.
- 중간 제목을 자주 달아라.(1면에 2~3개 정도)
- 내용이 달라질 때에는 문단을 적당히 나누거나 1~2행을 띄워라.
- 도표나 자료는 내용이 있는 면에 자리를 잡아라.
- 선명하게 인쇄하라.

(12) 마감을 꼭 지켜라.

(13) 마무리를 잘하라.(오탈자, 페이지, 이름, 저작권)

① 오탈자가 없게 하라. 작은 오탈자이지만 옥의 티가 되어 전체의 가치를 떨어뜨릴 수 있다. 간혹 다른 리포트의 제목을 수정하지 않고 제출하는 수가 있다..

② 표지와 목차, 페이지 번호 등을 점검하라. 한 장이 사라질 수도 있다.

③ 이름, 소속, 학번을 적어라. 이런 것이 누락되면 평가자는 이를 확인하기 위해 작업을 일단 중단할 수밖에 없다.

④ 정직하게 작성하라.

나의 소통 One Change!

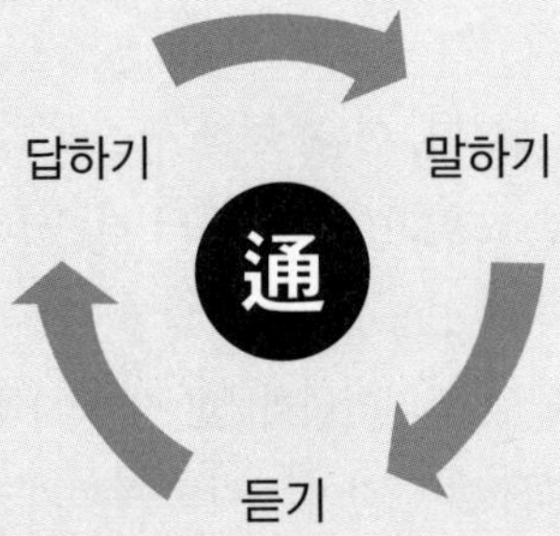
답하기
말하기
通
듣기

# 미디어 러터러시 26 (Media Literacy)

## ●수업 열기●
## "동굴에서 광장으로!"

| | |
|---|---|
| ●입장 | 큰 소리로 인사하며 |
| ●짝꿍 옆에 앉는다. | 잘 알지 못하는 동료가 좋은 짝꿍이다. |
| ●구호 | "Let's 통!" "반미고잘!" |
| ●존재 확인(출석 체크) | 교수님의 호명에 아무 말이나 한마디로 대답한다.<br>(소통과 관련한 명언 등) |
| ●짝꿍 소통 | 짝꿍과 소통을 연습한다. 마주 보며, 명확하게!<br>① 먼저 웃으면 진다[1)]<br>② 지는 가위바위보[2)]<br>③ 폰 스토리텔링[3)]<br>④ 끝말잇기[4)]<br>⑤ 단어 스토리텔링[5)]<br>⑥ 동작 스피치[6)] |
| ●통통 인터뷰 | 매주 동료 2명 이상과 3분씩 인터뷰를 해서 내용을 기록한다.<br>이번 학기 목표 30명–수업 동료 25명, 교수와 직원 5명. |
| ●침묵 스피치 | 교실 탁자 앞에 나가 30초간 청중을 바라보고 들어간다. 익숙해진 후에는 인사나 인사말도 해 본다. 자원해서 나오도록 한다. |

1) 얼굴을 마주 서로 바라본다. 먼저 웃으면 진다. 3판.
2) 가위바위보 3판. 지는 사람이 이긴다. 진 사람은 "만세!", 이긴 사람은 박수!
3) 스마트폰의 사진 한 장을 골라 1분간 설명해 주고 궁금한 점을 묻는 질문에 답해 준다. 교대로.
4) "학교" "교실" "실내화"…처럼 끝말잇기
5) A가 단어를 말하고 그 단어를 이용해 한 문장으로 이야기를 한다. B가 단어를 말하고 그 단어를 이용해 한 문장으로 이야기를 한다. 단, 앞 뒤 이야기가 동화처럼 맥을 이뤄야 한다. 다음 단계에서는 A가 먼저 이야기를 한 다음에 단어를 말해 준다. B는 그 단어를 이용해 이야기를 잇고, 다음 단어를 말해 준다.
6) 바디 랭기지로 어떤 이야기를 나눈다. 나중에 표현 내용을 서로 확인해 본다. 3회 이상 메시지가 오가야 한다.

## 1. 미디어의 홍수 시대

(1) 사람과 사람 간의 소통은 원래 대면(Face to Face)이었다. 중간 매개 역할이 필요해지면서 다른 사람이 그 역할을 했다. 그러다가 봉화, 편지(파발마)가 출현했다. 그리고 마침내 전화가 발명되면서 인류는 소통의 혁명시대를 맞이하게 된다. 거기에 인터넷이 등장하면서 세계는 공간의 한계를 극복하고 가족처럼 가까워졌다.

(2) 그 후 소통 기술은 일대일 소통뿐 아니라 그룹 소통마저 가능하게 해 주었고, 음성만이 아니라 영상으로도 소통할 수 있게 되었다. 지금 우리는 인류의 한계인 시간과 공간을 어느 정도 극복한 시대를 살아가고 있다.

(3) 전화는 목소리로 생생하게 소통할 수 있는 데다 작동이 편리해 여전히 애용되고 있다. 집전화는 사라져가고 있지만, 비즈니스용 전화는 여전히 유용하게 활용되고 있다.

(4) 짧은 문자메시지는 SMS(Short Message Service)로, 긴 문자메시지는 LMS(Long Message Service)로, 첨부파일은 MMS(Media Message Service)로 주고받을 수 있다.

(5) 요즘엔 영상 회의가 가능한 줌(Zoom)이 각광을 받고 있다.

## 2. SNS

(1) 전화와 함께 우리가 가장 많이 사용하는 것은 SNS(Social Network Service)다. 이는 스마트폰의 대중화가 만든 현상이다. 카카오톡, 페이스북, 인스타그램, 트위터, 블로그, 네이버 밴드 등 종류가 많다. 이 중 한국 사람들이 가장 많이 사용하는 건 카카오톡일 것이다. SNS는 개인적인 메시지 주고받기를 넘어, 폐쇄적인 공간에서 '끼리끼리' 소통도 할 수 있다.

(2) 미디어가 다양해지고 메시지 송수신이 편리해지고 소통이 활성화하면서 편리한 점도 많이 생겨나고 있다. 그러나 불편한 점, 문제점, 폐해도 그에 못지않게 생겨나고 있다. 이에 대해 몇 가지만 살펴보자.[7)]

① 첫째, 아무에게나 아무 내용이나 보내는 문제다. 아무 내용이나 쉽게 복사해서 다수에게 보내는 경우다. 그러다 보니 사적으로 나눈 메시지가 본인 의사와 관계 없이 순식간에 전파되어 버린다. 그 피해는 회복이 불가능하다. 사실과 다른 가짜 뉴스가 빛의 속도로 확산되기도 한다. 가짜뉴스는 여러 사람을 거치면서 내용이 가감, 왜곡되어 온 세상에 확산된다. 그로 인해 한 인생을 파멸시키는 일은 보통이다. 오죽하면 정규 뉴스시

7) 문자화된 기록물을 통해 지식과 정보를 획득하고 이해할 수 있는 능력을 리터러시라 한다. 요즘엔 같은 의미로 '미디어 리터러시', '디지털 리터러시'라는 말이 쓰인다.

간에 팩트체크 코너까지 생길까? 아무래도 성경 십계명에 가짜뉴스를 퍼 나르지 말라는 내용이 추가되어야 할 것 같다.

② 둘째, 원하지 않는 사람에게 원하지 않는 내용을 퍼 나르는 문제다. 내게 좋은 게 다른 사람에게도 좋은 게 아니건만, 사람들은 다른 사람의 취향은 살피지 않고 아무 내용이나 보낸다. 정치적 견해, 종교적 메시지가 많다. 그걸 받은 사람은 답을 해 주고 지워야 한다. 여간 번거롭지가 않다. 명절 때 주고받는 축하 메시지는 어떤가? 누군가가 만든 일반적인 그림 사진뿐이다. 거기에 보내는 사람의 메시지는 찾아볼 수가 없다. '영혼 없는' 연하장이다. 이걸 왜 보내는지.

③ 셋째, '골방' 문화의 폐해다. 단체카톡방은 초대받지 않은 사람은 접근할 수 없는 '끼리끼리방'이다. 사람들은 여기에서 상당히 은밀한 주장들이 펼쳐지기도 한다. 여기에서 가짜뉴스, 근거 없는 비방, 선동 같은 것이 다루어지기도 한다. 이해관계가 있는 대상을 일방적으로 매장하기도 한다. 가까운 사람들끼리다 보니 따지기도, 바로잡기도, 탈퇴하기도 쉽지 않다. 문제는 여기에 다른 데서 복사해 온 근거 없는 메시지들이 모여지고, 그걸 다시 복사해서 다른 방에 전파하는 것이다. 또 회원의 사생활 정보가 밖으로 유출되는 것도 큰일이다.

④ 넷째, 댓글의 폐해다. 페이스북 같은 SNS에서는 정보나 의견의 공유가 활발하게 이뤄진다. 문제는 댓글이다. 자기와 다른 생각이 표현되면 그냥 지나치지 않고 시비를 걸고, 싸움을 벌인다. 정치적인 견해, 종교적인 견해에 대해 특히 심하다. 나중에는 같은 편들이 합세해서 편싸움을 벌이기도 한다.

(3) 그러면 어떻게 할 것인가?

① 첫째, 나 좋다고 남도 좋은 건 아니다. 내게 좋더라도 아무에게나 함부로 메시지를 보내지 말자. 내가 보낸 메시지를 받을 때마다 그 상대방이 짜증을 낼지 모른다. 긍정적인 반응이 없다는 건 더 이상 보내지 말라는 뜻이다. 위로, 칭찬, 격려, 축하, 인정, 공감은 보내도 된다. 다만, 타이밍이 중요하다. 그리고 마음을 담아라. 상투적인 메시지는 역효과가 난다.

② 둘째, 원하지 않는 정보라면 정중하게 거절하라. "다른 경로를 통해 비슷한 정보를 충분히 받고 있습니다. 수고 안 하셔도 됩니다. 그동안 감사했습니다."

③ 셋째, 근거 없는 가짜 정보를 보내는 경우 다음과 같이 말하라. "제가 보기에는 법적으로 문제가 될 수 있습니다. 이런 글을 사실을 확인하지 않고 퍼 나르시면 처벌을 받으실 수 있습니다."

④ 넷째, 내 생각과 다른 의견이나 주장을 강요하는 경우 다음과 같이 말하라. "제 생각은 좀 다릅니다. 저도 선생님의 의견을 존중합니다. 선생님도 제 생각을 존중해 주십시오." 인간관계가 깨질까 두려워하지 말고, 거절할 건 거절해라. 단, 기분 나쁘지 않게.

⑤ 다섯째, 적절한 미디어를 택하라. 메시지의 내용 전달에 적절한 매체를 선택하라. 직장에서 해임을 문자메시지로 통보하는 게 적절할까? 무엇보다 상대방에게 적절한 매체를 선택하라. 미디어는 계속 진화하고 있고, 세대마다 적절하고 익숙한 미디어가 있다. 카카오톡, 문자메시지, 이메일, 전화, 대면 중에서 상대방에게 적절하고 익숙한 미디어를 선택하라.

## 3. 전화(비즈니스)

(1) 집 전화는 대부분 스마트폰으로 전환된 것 같다. 그러나 기업의 비즈니스용 전화는 종전의 유선 전화와 스마트폰이 함께 사용되고 있다. 중요한 건 통화 내용이 사적이냐 공적(비즈니스)이냐다.

(2) 스마트폰 세대인 젊은이들은 사적인 통화에 익숙해 비즈니스 전화 소통에 어려움을 겪는 수가 많다. 유선 전화를 쓰든, 개인용 스마트폰을 쓰든 공적인 전화에서는 그에 적합한 예절이 필요하다. 전화를 걸 때, 걸려 온 전화를 받을 때, 대화를 할 때 몇 가지 주의해야 할 점이 있다. 왜냐하면 회사의 경영에 영향을 끼칠 수 있기 때문이다.

(3) 전화를 걸고 받을 때 주의할 점

| 전화 걸기 | 전화 받기 |
|---|---|
| 적합한 시간대인지 확인한다.<br>용건을 메모한다.<br>부재시 어떻게 할지 생각해 둔다. | 내용을 받을 펜과 메모지를 준비한다. |
| 인사, 이름을 밝힌다. | 인사, 이름을 밝힌다. |
| 통화할 사람을 불러낸다. | 상대방이 찾는 사람인지 확인한다. 찾는 사람을 바꿔 준다. |
| 인사를 한다. | 상대방이 누구인지 확인한다. |
| 용건을 말한다. | 용건을 듣는다. |
| 전한 내용을 상대방으로부터 확인한다. | 들은 내용을 확인해 준다. ("그러니까…?") |
| 인사한다. 상대방이 먼저 끊도록 기다린다. | |

(4) 이럴 때에는 이렇게…

| 상황 | 적절한 소통방법 |
|---|---|
| 장난 전화나 무작위 선정 영업 전화를 받을 때 | "누구한테 전화를 하셨는지…."<br>"미안합니다. 지금 일하는 중이어서 실례하겠습니다." |
| 전화가 잘못 걸려 왔을 때 | 세 번째 잘못 걸려온 전화도 잘 받아라. |
| 두 번이나 잘못 걸었을 때 | |
| 처음 전화를 걸 때 | "갑자기 전화를 드려 죄송합니다." |
| 이른 아침, 늦은 시각에 전화 걸 때 | "늦은 시간에 전화 걸어 죄송합니다. 통화하시기 곤란하시면 내일 다시 걸겠습니다. 언제가 좋을지요?" |
| 용건을 전해 달라고 부탁할 때 | 내 신분과 간단한 메시지만 전달<br>전화받은 이의 이름 확인 |
| 상대방의 목소리가 잘 안 들릴 때 | "죄송합니다. 감이 좀 멀어서 잘 들리지 않는군요." |
| 상대방 이름을 잘 못 들었을 때 | "죄송합니다. 통화 감이 떨어져서 성함을 잘 못 들었습니다. 다시 한 번…." |
| 내 이야기가 길어질 때 | "이야기가 길어질 것 같은데 괜찮으십니까?" |
| 전화를 끝내거나 잠시 중단해야 할 때 | "죄송합니다. 급한 전화가 걸려 와서…."<br>"제가 통화 안 되는 곳을 통과하게 돼서…." |

## 4. 이메일

이메일은 전화, SNS에 비해 사용이 번거롭고 송수신 상태가 잘 드러나지 않는 편이다. 이메일은 일상생활에 관한 사적 대화 도구라기보다는 공식적인 도구라고 볼 수 있다. 비즈니스맨이라면 이메일 사용에 주의를 기울이고, 다음과 같은 점에 유의할 필요가 있다.

(1) 여러 사람에게 같은 메시지를 보내지 마라. 받는 사람 입장에서는 존중받지 못하고 있다고 생각할 수 있다.
(2) 즉시 답신을 하라.
(3) 중요한 메시지인 경우, 발신 사실을 전화로 따로 알려라.
(4) 가능하면, 전화로 소통하라.
(5) 가능하면, 직접 만나서 소통하라.
(6) 첨부물을 빠뜨리지 마라.

## 5. 사람이 미디어, 메시지!

미디어를 사용한다는 것은 사람을 직접 만나지 않고 다른 것을 통해서 소통하는 것이다. 그래도 결국은 사람과 사람 간의 소통활동인 것이다. 많은 미디어가 우리의 생각과 의견을 전해 준다고는 하지만 많은 한계를 갖고 있다. 그래서 오해와 갈등도 생긴다. 상대방이 비록 눈앞에 보이지는 않지만, 마주 보고 이야기하듯 친절하고 품위 있게 대화하는 것이 좋다. 결국 사람이 미디어이고, 사람이 메시지다!

나의 소통 One Change!

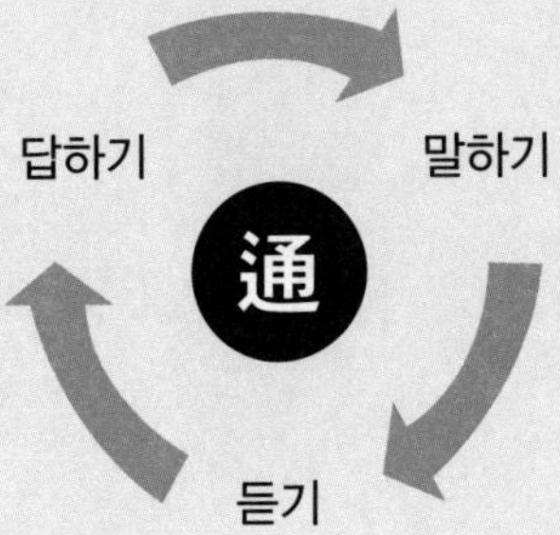
답하기
말하기
通
듣기

제 7 부

# 통통 인터뷰

Let's 通!

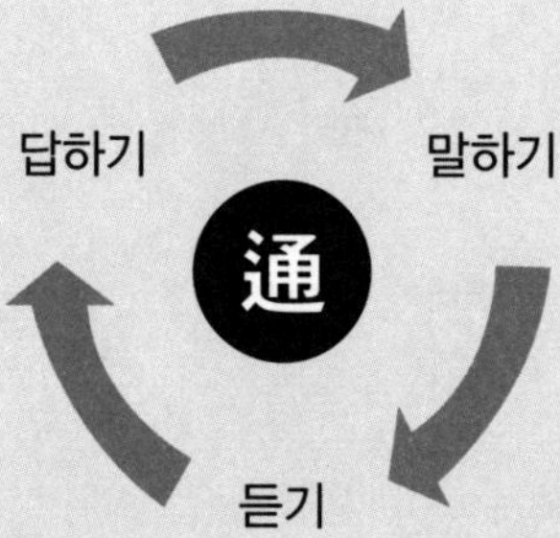

답하기
말하기
通
듣기

- 매사가 그렇듯이 사람을 만날 때에도 준비가 필요하다. 준비 없이 만나면 당황하거나 횡설수설할 수 있다. 상대방에 대해 많이 알고 만나야 한다. "아는 것만큼 보인다."
- 내가 먼저 다가서야 한다. 상대방도 내가 말을 걸어주기를 기다리고 있다고 믿어라. 먼저 말을 거는 사람이 진정한 '선배'이다.
- 첫 만남에서는 외모, 표정, 몸짓이 중요하다. 그 다음부터는 인격이다.

## 1) 상대방에게 묻고 싶은 것[1)]

| 질문 번호 | 묻고 싶은 것 |
|---|---|
| 1 | |
| 2 | |
| 3 | |

## 2) 인터뷰 노트

인터뷰는 '진진가'로 시작한다.[2)]

| 인터뷰 대상자 | |
|---|---|
| **구분** | **답변 내용** |
| 질문 1 | |
| 질문 2 | |
| 질문 3 | |

1) 누구에게나 3가지 고정된 질문을 하되, 사람에 따라 바꿔도 좋다. 좋은 질문이 좋은 답을 이끌어 낸다. '예, 아니오'로 대답하지 않도록 열린 질문을 만들어 보자.
2) 진짜 이야기 2개와 가짜 이야기 1개를 섞어서 자기를 소개한 후 상대방이 가짜 이야기를 찾아내게 한다.

| 인터뷰 대상자 | |
|---|---|
| 구분 | 답변 내용 |
| 질문 1 | |
| 질문 2 | |
| 질문 3 | |
| 인터뷰 대상자 | |
| 구분 | 답변 내용 |
| 질문 1 | |
| 질문 2 | |
| 질문 3 | |
| 인터뷰 대상자 | |
| 구분 | 답변 내용 |
| 질문 1 | |
| 질문 2 | |
| 질문 3 | |
| 인터뷰 대상자 | |
| 구분 | 답변 내용 |
| 질문 1 | |
| 질문 2 | |
| 질문 3 | |

| 인터뷰 대상자 | |
|---|---|
| 구분 | 답변 내용 |
| 질문 1 | |
| 질문 2 | |
| 질문 3 | |

| 인터뷰 대상자 | |
|---|---|
| 구분 | 답변 내용 |
| 질문 1 | |
| 질문 2 | |
| 질문 3 | |

| 인터뷰 대상자 | |
|---|---|
| 구분 | 답변 내용 |
| 질문 1 | |
| 질문 2 | |
| 질문 3 | |

| 인터뷰 대상자 | |
|---|---|
| 구분 | 답변 내용 |
| 질문 1 | |
| 질문 2 | |
| 질문 3 | |

| 인터뷰 대상자 | |
|---|---|
| 구분 | 답변 내용 |
| 질문 1 | |
| 질문 2 | |
| 질문 3 | |

| 인터뷰 대상자 | |
|---|---|
| 구분 | 답변 내용 |
| 질문 1 | |
| 질문 2 | |
| 질문 3 | |

| 인터뷰 대상자 | |
|---|---|
| 구분 | 답변 내용 |
| 질문 1 | |
| 질문 2 | |
| 질문 3 | |

| 인터뷰 대상자 | |
|---|---|
| 구분 | 답변 내용 |
| 질문 1 | |
| 질문 2 | |
| 질문 3 | |

| 인터뷰 대상자 | |
|---|---|
| 구분 | 답변 내용 |
| 질문 1 | |
| 질문 2 | |
| 질문 3 | |

| 인터뷰 대상자 | |
|---|---|
| 구분 | 답변 내용 |
| 질문 1 | |
| 질문 2 | |
| 질문 3 | |

| 인터뷰 대상자 | |
|---|---|
| 구분 | 답변 내용 |
| 질문 1 | |
| 질문 2 | |
| 질문 3 | |

| 인터뷰 대상자 | |
|---|---|
| 구분 | 답변 내용 |
| 질문 1 | |
| 질문 2 | |
| 질문 3 | |

| 인터뷰 대상자 | |
|---|---|
| 구분 | 답변 내용 |
| 질문 1 | |
| 질문 2 | |
| 질문 3 | |

| 인터뷰 대상자 | |
|---|---|
| 구분 | 답변 내용 |
| 질문 1 | |
| 질문 2 | |
| 질문 3 | |

| 인터뷰 대상자 | |
|---|---|
| 구분 | 답변 내용 |
| 질문 1 | |
| 질문 2 | |
| 질문 3 | |

| 인터뷰 대상자 | |
|---|---|
| 구분 | 답변 내용 |
| 질문 1 | |
| 질문 2 | |
| 질문 3 | |

| 인터뷰 대상자 | |
|---|---|
| 구분 | 답변 내용 |
| 질문 1 | |
| 질문 2 | |
| 질문 3 | |
| 인터뷰 대상자 | |
| 구분 | 답변 내용 |
| 질문 1 | |
| 질문 2 | |
| 질문 3 | |
| 인터뷰 대상자 | |
| 구분 | 답변 내용 |
| 질문 1 | |
| 질문 2 | |
| 질문 3 | |
| 인터뷰 대상자 | |
| 구분 | 답변 내용 |
| 질문 1 | |
| 질문 2 | |
| 질문 3 | |

| 인터뷰 대상자 | |
|---|---|
| 구분 | 답변 내용 |
| 질문 1 | |
| 질문 2 | |
| 질문 3 | |
| 인터뷰 대상자 | |
| 구분 | 답변 내용 |
| 질문 1 | |
| 질문 2 | |
| 질문 3 | |
| 인터뷰 대상자 | |
| 구분 | 답변 내용 |
| 질문 1 | |
| 질문 2 | |
| 질문 3 | |
| 인터뷰 대상자 | |
| 구분 | 답변 내용 |
| 질문 1 | |
| 질문 2 | |
| 질문 3 | |

| | | |
|---|---|---|
| | | "저는 ○○○입니다."<br>잘못된 호칭은 쓰지 말아야 한다.<br>"교수님, 김○○ 군이 조금 늦는답니다."<br>3개라면 3개라고 명확히 표현해야 한다.<br>"이어서 교수님께서 말씀해 주시겠습니다."<br>"제 말은…."<br>"너  선생님께서 빨리 오라셔."<br>"서울에 계세요."<br>"시간 좀 있으세요?"<br>"저만한 따님이 있으시다고요?"<br>"교수님이 편찮으셔서…."<br>"볼일이 있으셔서…."<br>"우리 아이는… 저한테 물어 봐요."<br>"우리나라에는…."<br>"제가 아는 분이…."<br>"우리말 이름이…." |
| | | 한글 자음의 이름은 직접 사전을 찾아 볼 것. |
| | 14 | 듣지 않으면 배우지 못한다. |
| | | 청문회는 Hearing |
| | | 진정한 소통은 상대방의 처한 상황, 감정상태, 필요를 읽는 데서 시작된다. |
| | 15 | "예, 저도 그렇게 느껴요. 오늘따라 달이 유난히 밝네요. 달 보면서 좀 걸을까요?" |
| | | "그랬구나. 나도 그런 적이 있어. 그래서 난 요즘 지하철 타고 다녀." |
| | | "그랬구나. 당황했겠네. 나도 그런 적 있어. 교수님도 이해하실 거야. 다음 시간에 함께 사과하러 가자." |
| | | "막상 A회사를 포기하자니 속이 상하겠구나." |
| | | 질문하지 못한 이유는 소통 파트너와 찾아보자. |
| 제5부 | 18 | 이 장에 나와 있는 여러 상황에 적절한 표현에는 정답이 없다. 소통 파트너와 토론을 하면서 적절한 표현 방법을 찾아보자. (유튜브 강의 참조) |
| 제6부 | 22 | 감자 쌓기에서 팀장은 잘못 지시를 잘못 했다. 일의 순서가 잘못 됐다. 한 번에 할 일을 셋으로 나눴다. 장소, 규격, 위치 등이 명확하지 않다. |
| | | 지시 내용을 확인하고, 목적을 물어 본다. (유튜브 강의 참조) |
| | 23 | 리더는 신념을 심어 준다.<br>리더는 '우리'라고 말한다.<br>리더는 부하를 순종자로 만든다. |
| | | 팔로워는 "이렇게 하겠습니다."<br>팔로워는 일이 많아 힘들다.<br>쫄따구는 자신을 팔로워라고 생각하는데 팔로워는 자신을 쫄따구라고 생각한다. |
| | 26 | 전화를 받는 입장에서는 용건이 끝나면 인사하고 먼저 끊어도 된다. |
| | | 두 번이나 잘못 걸었을 때에는 "미안합니다. 제가 두 번이나 잘못 걸었네요." |

| | | |
|---|---|---|
| 제3부 | 10 | 공을 던지는 사람은 상대방이 잘 받을 수 있게 방향(상하), 속력을 조절해야 한다. 받는 사람은 시선을 집중하고 받을 준비를 해야 한다. |
| | 11 | 담배가 어떤 것인지를 말하는 건 설명이다. 담배가 몸에 해롭다는 건 주장이다. 담배를 피우지 말자는 것은 설득이다. |
| | 12 | 설명하는 사람은 상대방이 알아들을 수 있는 명확한 용어를, 명확히 전해야 한다.<br>설명을 들으며 그리는 사람은 적절한 반응과 질문을 통해 상대방이 전달하려는 것이 무엇인지 명확히 알아내야 한다. |
| | | 관리가 과수원 농부에게 보낸 편지의 마지막 부분은 "빵꾸납니다. 염산 사용하지 마세요." 진작 쉽게 설명하면 좋으련만. |
| | | '촌철살인'의 반대말은 '잔소리' |
| | | 성, 건강상태, 감정, 나이, 성격 등을 알 수 있다. |
| | | 뒷머리를 긁는 것은 곤란함, 난처함의 표현<br>다리를 발을 떠는 것은 불안, 초조, 공포의 표현<br>눈을 치뜨는 것은 상대를 의심한다는 표현<br>눈을 내리뜨는 것은 부정적 표현 |
| | | 대화 중 상대방에게 거부감을 주는 자세<br>(1) 팔짱을 끼고 앉는 자세<br>(2) 시선을 피하는 자세<br>(3) 상체를 뒤로 젖히는 자세<br>(4) 다리를 꼬고 45도 비스듬히 앉는 자세<br>(5) 대화 중 전화나 다른 을을 하는 행동<br>(6) 손이나 옷깃, 책상 위 다른 물건을 만지작거리는 행동<br>(7) 다리를 떠는 행동<br>(8) 주머니에 손을 넣고 있는 자세<br>(9) 상대방 쪽으로 상체를 너무 기울인 자세<br>(10) 손가락으로 상대방을 가리키는 행동 |
| | | 1–매우 친밀한 사이, 서로 협동적인 일을 하는 사이<br>2–서로 어느 정도 친밀하거나 대화나 협의를 할 때<br>3–서로 낯선 사이, 면접이나 협상을 하는 사이, 경쟁적 대립관계나 토론 사이 |
| | | 남자와 여자 사이 45~75cm는 야릇한 사이 |
| | | 210~360cm는 '나는 나' '너는 너'의 거리 |
| | 13 | 어법에 맞게 고치기<br>"제가 아는 분이…."<br>어른에게 '수고하세요'는 적절하지 않다.<br>"저한테 물어 보신 분"<br>"우리나라 저희 학교"<br>사물에 존대어를 사용하면 안 된다.<br>청중 앞에서는 "제가…."<br>"김철수". 예문의 표현은 다른 어른의 성과 이름을 제3자에게 말할 때 사용한다.<br>옆자리는 있으니 "앉아도 될까요?" |

## 참고사항

본문을 공부하다가 막힐 때 다음 내용을 참고하세요. 더 구체적인 내용은 저자의 유튜브 강의를 참조하세요.

| 위치 | | 참고사항 |
|---|---|---|
| 제1부 | 02 | 개는 소통이 안 되기 때문에 사람을 문다. |
| | 03 | 소통의 용어는 직접 검색해 볼 것. |
| | | 사람에게는 사람이 필요하다. |
| | | 말하기는 도움을 받는 기술, 듣기는 도움울 주는 기술 |
| | | 다른 사람이다. |
| | | 소통의 유익-나를 알게 된다. |
| | | 말 걸기, 침묵, 바통 터치, 연결 |
| | | (1) 소통의 과정이 길수록 효과가 떨어진다.<br>(2) 대화의 상대가 많을수록 효과가 반감한다.<br>(3) 보울링형 소통보다 탁구형 소통이 효과적이다.<br>(4) 쌍방적인 소통의 반복 횟수가 많을수록 효과가 높아진다.<br>(5) 어떤 미디어를 이용하느냐에 따라 소통의 효과가 달라진다.<br>(6) 메시지보다 메신저가 효과에 절대적인 영향을 미친다. |
| | 06 | 역사, 문학 속에서 소통 실패, 성공 사례와 원인은 유튜브 강의 참조. |
| | | 공공 시각물의 장벽 찾기와 개선 방법은 제6장 끝 부분 '말이 通하는 공공 시각물 만들기 20계명43'을 참고할 것. |
| | | 소통을 방해하는 장벽은 다양하다. 발신자에게는 수신자에 대한 무지, 지나치게 많은 정보량, 표현 기술의 부족 등이 있다. 상황에는 시간의 압박, 소음, 온도 등이 있다. 수신자에게는 발신자에 대한 평가, 선택적 청취 등이 있다. |
| 제2부 | 07 | 푸쉬긴 부부의 손은 서로 떨어져 있다. |
| | 08 | 아날로그 세대는 옳고 그름 따지기, 경계 만들기에 익숙하다. 나머지는 가까운 곳으로 분리하면 된다. |
| | | 감정은 다른 사람에게 영향을 미친다. 통제가 쉽지 않다. |
| | | 왼쪽이 고맥락 국가, 오른쪽이 저맥락 국가 |
| | | 마네킹형은 표현은 잘하는데 듣기를 안 한다. 듣기를 보완해야 한다.<br>간첩형은 듣기만 하고 표현을 안 한다. 표현(말하기)를 보완해야 한다. |
| | | 08 '소통의 벽'은 유튜브 강의 참조. |
| | 09 | 다른 것은 다른 것이지 틀린 것이 아니다 |
| | | 세금 납부, 특별 구입가격, 표 사는 곳, 터미널 가는 곳, 버스 타는 곳, 무엇을 드시겠습니까, 현금 인출기, 안전선 안으로 한 걸음 물러나 주시기 바랍니다. 뒤로 물러나 주시기 바랍니다. 수강실 |
| | | 날짜, 소독 동 이름의 순서를 바꿔 주면 보는 사람에게 쉽다. |

## 저자 소개

이의용(Lee Eui-yong)

'커뮤니케이션'이라는 단어만 들어도 바로 가슴이 두근거린다.
말하기와 글쓰기가 인생의 두 날개라고 믿으며
강의, 방송, 집필을 즐기며 살고 있다.
모교인 국민대학교에서 문학박사 학위를 받고 교양대학 교수로 일하면서
'인생설계와 진로' '자신있게 말하기' 교과목을 개발하여 30학기 이상 진행해 왔다.
현재 전주비전대학교 객원교수이다.
저서로는 『대학생 인생설계 워크북 2.0』『자신있게 말하자!』『스무 살 나의 비전』
『떨리는 강사 설레는 강사』『잘 가르치는 교수』『굿 리포트』 등 49종이 있다.

연락처: yyii@kookmin.ac.kr 010-7200-5054

※ 이 프로그램을 도입하기 원하시면 저자에게 문의하십시오. 도와드리겠습니다.

말이 잘 통하는 나 만들기 프로젝트

# 동굴에서 광장으로

2021년 2월 15일 1판 1쇄 발행
2021년 5월 20일 1판 2쇄 발행

지은이 • 이의용
펴낸이 • 김진환
펴낸곳 • ㈜학지사
04031 서울특별시 마포구 양화로 15길 20 마인드월드빌딩
대표전화 • 02-330-5114 팩스 • 02-324-2345
등록번호 • 제313-2006-000265호

홈페이지 • http://www.hakjisa.co.kr
페이스북 • https://www.facebook.com/hakjisa

ISBN 978-89-997-2317-9 03370

정가 16,000원